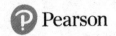

/ 教育治理与领导力丛书 /　　　王定华 总主编

［美］

马克·A.爱德华兹

Edwards A. Mark

 著

谢毓洁

 译

发挥你的
教育领导力

——数字转换模式下分散式领导力的优势

Thank You For Your Leadership:
The Power of Distributed Leadership in A Digital Conversion Model

华东师范大学出版社

全国百佳图书出版单位

上海

图书在版编目（CIP）数据

发挥你的教育领导力：数字转换模式下分散式领导力的优势 /（美）马克·A. 爱德华兹著；谢毓洁译. —上海：华东师范大学出版社，2022

（教育治理与领导力丛书）

ISBN 978-7-5760-3526-1

Ⅰ.①发… Ⅱ.①马… ②谢… Ⅲ.①教育管理学 – 研究 Ⅳ.① G46

中国国家版本馆 CIP 数据核字 (2023) 第 013238 号

教育治理与领导力丛书

发挥你的教育领导力
——数字转换模式下分散式领导力的优势

总 主 编 王定华

著 者 （美）马克·A. 爱德华兹

译 者 谢毓洁

策划编辑 王 焰

责任编辑 曾 睿

特约审读 朱晓韵

责任校对 何宇边 时东明

装帧设计 膏泽文化

出版发行 华东师范大学出版社

社 址 上海市中山北路 3663 号 邮编 200062

网 址 www.ecnupress.com.cn

电 话 021-60821666 行政传真 021-62572105

客服电话 021-62865537

邮购电话 021-62869887

地 址 上海市中山北路 3663 号华东师范大学校内先锋路口

网 店 http://hdsdcbs.tmall.com

印 刷 者 青岛双星华信印刷有限公司

开 本 16 开

印 张 13.25

字 数 175 千字

版 次 2023 年 2 月第 1 版

印 次 2023 年 2 月第 1 次

书 号 ISBN978-7-5760-3526-1

定 价 58.00 元

出 版 人 王 焰

（如发现本版图书有印订质量问题，请寄回本社客服中心调换或电话 021-62865537 联系）

总　序

人类社会进入 21 世纪第三个十年后，国际政治巨变不已，科技革命加深加广，人工智能扑面而来，工业 4.0 时代渐成现实，各种思想思潮交流、交融、交锋，人们的学习方式、工作方式和生活方式发生很大变化。中国正在日益走上世界舞台中央，华夏儿女应该放眼世界，胸怀全局，不忘本来，吸收外来，继往开来，创造未来。只是，2020 年在全球蔓延的新冠肺炎疫情，波及范围之广、影响领域之深，历史罕见，给人类生命安全和身体健康带来巨大威胁，给我国和各国的经济社会发展带来巨大挑战，对世界经济与全球治理造成重大干扰。教育作为其中的重要领域，也受到剧烈冲击。这是一次危机，也是一次大考。教育部门、各类学校、出版行业必须化危为机，抓住机遇，迎接挑战，与各国同行、国际组织良性互动，把教育治理及各项工作做得更好。

一切生命都需要新陈代谢，否则必然灭亡；任何文明都应当交流互鉴，否则就会僵化。一种文明只有同其他文明取长补短，才能保持旺盛活力。[①]习近平总书记深刻指出："改革开放已走过千山万水，但仍需跋山涉水，摆在全党全国各族人民面前的使命更光荣、任务更艰巨、挑战更严峻、工作更伟大。……必须坚持扩大开放，不断推动共建人类命运共同体。……

---

① 习近平：《深化文明交流借鉴共建亚洲命运共同体——在亚洲文明对话开幕式上的主旨演讲》，光明日报，2019 年 5 月 16 日。

我们必须高举和平、发展、合作、共赢的旗帜，……维护国际公平正义。"[1]这些重要指示为新时代各行各业改革发展、砥砺前行、建功立业指明方向、提供遵循。

在我国深化教育改革和改进学校治理过程中，必须立足中国、自力更生、锐意进取、创新实践，同时也应当放眼世界、知己知彼、相互学习、实现超越。我国教育治理的优势和不足有哪些？我国中小学校长如何提升办学治校能力、打造高品质学校？[2]美国等西方国家的教育是如何治理的？其管理部门、督导机构、各类学校的权利与义务情况如何？西方国家的中小学校长、社区、家长是如何相互配合的？其教师、教材、教法、学生、学习是怎样协调统一的？诸如此类的问题，值得以广阔的国际视野，全面观察、逐步聚焦、深入研究；值得用中华民族的情怀，去粗取精、厚德载物、悦己达人；值得用现代法治精神，正视剖析、见微知著、发现规律。

现代法治精神与传统法治精神、西方法治精神既有相通之处，又有不同之点。现代法治精神是传统法治精神的现代化，同时也是西方法治精神的中国化。在新时代，现代法治精神包括丰富内涵：第一，全面依法治国。各行各业都要树立法治精神，严格依法办事；无论官民都要守法，官要带头，民要自觉，人人敬畏法律、了解法律、遵守法律，全体人民都成为法治的忠实崇尚者、自觉遵守者、坚定捍卫者，人民权益靠法律保障，法律权威靠人民维护；做到有法可依、有法必依、执法必严、违法必究，自觉守法，遇事找法，解决问题靠法。第二，彰显宪法价值。宪法是最广大人民共同意志的体现，规定国家和社会的根本制度，具有最高法律效力。全面贯彻实施宪法是建设社会主义法治国家的首要任务和基础性工作。第

---

[1] 习近平：《在庆祝改革开放40周年大会上的讲话》，新华网，2018年12月18日。

[2] 2018年1月《中共中央国务院关于全面深化新时代教师队伍建设改革的意见》提出"提升校长办学治校能力，打造高品质学校"。

三，体现人文品质。法律是治国之重器，良法是善治之前提。法治依据的法律应是良法，维护大多数人利益，照顾弱势群体权益，符合社会发展方向；执法的行为应当连贯，注重依法行政的全局性、整体性和系统性；法律、法规、政策的关系应当妥处，既严格依法办事，又适当顾及基本国情。第四，具有中国特色。坚定不移地走中国特色社会主义法治道路，坚持党的领导、人民当家作主、依法治国有机统一，不断促进国家治理体系和治理能力现代化，为实现"两个一百年"奋斗目标、实现中华民族伟大复兴的中国梦提供有力法治保障。第五，做到与时俱进。顺应时代潮流，根据现代化建设需要，总结我国历史上和新中国成立后法治的经验教训，参照其他国家法治的有益做法，及时提出立、改、废、释的意见建议，促进物质、精神、政治、社会、生态等五个文明建设，调整公共权力与公民权利的关系结构，约束、规范公共权力，维护、保障公民权利。

树立现代法治精神，必须切实用法治精神推进社会治理创新。过去人们强调管理（Management），现在更提倡治理（Governance）。强调管理时，一般体现为自上而下用权，发指示，提要求；而强调治理，则主要期冀调动方方面面积极性，讲协同，重引领。治理是各种公共的或私人的机构，或者个人管理其共同事务的许多方式的总和，是使相互冲突的或不同的利益得以调和并且采取联合行动的持续过程。[1] 治理的实质是建立在市场原则、公共利益和认同之上的合作。它所拥有的管理机制不单是依靠政府的权威，还依赖合作网络的权威，其权力是多元的、相互的，而非单一或自上而下。[2] 治理是公共利益最大化的社会管理过程，其最终

---

① 李阳春：《治理创新视阈下政府与社会的新型关系》，中共中央党校学报，2014年第5期。

②Anthony R.T.et al: Governance as a trialogue: government-society-science in transition. Berlin: The Springer Press, 2007:29.

目的是实现善治，本质是政府和公民对社会公共生活的合作管理，体现政府、社会组织与公民的新型关系。

政府部门改作风、转职能，实质上都是完善治理体系、提高治理能力。在完善治理体系中，应优先完善公共服务的治理体系；在提高治理能力时，须着力提升公共事务的治理能力。教育是重要的公共事务，基础教育又是其重中之重。基础教育作为法定的基本国民教育，面向全体适龄儿童少年，关乎国民素质提升，关乎中华民族伟大复兴，是国家亟需以现代法治精神引领的最重要的公共服务，是政府亟待致力于治理创新的最基本的公共事务。

创新社会治理的体系方式、实现基础教育的科学治理，就是要实行基础教育的善治，其特点是合法性、透明性、责任性、适切性和稳定性，实现基础教育治理体系和治理能力现代化。实行善治有一些基本要求，每项要求均可对改善基础教育治理以一定启迪。一是形成正确社会治理理念，解决治理为了谁的问题。基础教育为的是全体适龄儿童少年的现在和未来，让他们享受到公平而有质量的教育，实现全面发展和健康成长。二是强化政府主导服务功能，解决过与不及的问题。基础教育阶段要处理好政府、教育部门、学校之间的关系，各级政府依法提供充分保障，教育部门依法制定有效政策，学校依法开展自主办学，各方履职应恰如其分、相得益彰，过与不及都会欲速不达、事倍功半。三是建好社区公共服务平台，解决部分时段或部分群体无人照料的问题。可依托城乡社区构建课后教育与看护机制，关心进城随迁子女，照顾农村留守儿童。还可运用信息技术、人工智能，助力少年儿童安全保护。四是培育相关社会支撑组织，解决社会治理缺乏资源的问题。根据情况采取政府委托、购买、补贴方式，发挥社会组织对中小学校的支撑作用或辅助配合和拾遗补缺作用，也可让其参与民办学校发展，为家长和学生提供一定教育选择。五是吸纳各方相关人士参加，解决不能形成合力的问题。中小学校在外部应普遍建立家长委员会，发挥其参谋、监督、助手作用；在内部应调动教师、学生的参加，听其意见，为其服务。总之，要加快实现从等级制管理向网络化治理的转变，从把人当作资源和工具向把人作为参与者的转变，从命令式信号发布向协商合作转变，在加快推进教育现代化进程中形成我国基础教育治理的可喜局面。

2019 年初，中共中央、国务院印发了《中国教育现代化 2035》。作为亲身参与这个重要文献起草的教育工作者，我十分欣慰，深受鼓舞。《中国教育现代化 2035》提出推进教育现代化的指导思想：以习近平新时代中国特色社会主义思想为指导，全面贯彻党的十九大和十九届二中、三中全会精神，坚定实施科教兴国战略、人才强国战略，紧紧围绕统筹推进"五位一体"总体布局和协调推进"四个全面"战略布局，坚定"四个自信"，在党的坚强领导下，全面贯彻党的教育方针，坚持马克思主义指导地位，坚持中国特色社会主义教育发展道路，坚持社会主义办学方向，立足基本国情，遵循教育规律，坚持改革创新，以凝聚人心、完善人格、开发人力、培育人才、造福人民为工作目标，培养德、智、体、美、劳全面发展的社会主义建设者和接班人，加快推进教育现代化、建设教育强国、办好人民满意的教育。将服务中华民族伟大复兴作为教育的重要使命，坚持教育为人民服务、为中国共产党治国理政服务、为巩固和发展中国特色社会主义制度服务、为改革开放和社会主义现代化建设服务，优先发展教育，大力推进教育理念、体系、制度、内容、方法、治理现代化，着力提高教育质量，促进教育公平，优化教育结构，为决胜全面建成小康社会、实现新时代中国特色社会主义发展的奋斗目标提供有力支撑。

《中国教育现代化 2035》提出了推进教育现代化的八大基本理念：更加注重以德为先，更加注重全面发展，更加注重面向人人，更加注重终身学习，更加注重因材施教，更加注重知行合一，更加注重融合发展，更加注重共建共享。明确了推进教育现代化的基本原则：坚持党的领导、坚持中国特色、坚持优先发展、坚持服务人民、坚持改革创新、坚持依法治教、坚持统筹推进。

《中国教育现代化 2035》提出，到 2035 年，我国将总体实现教育现代化，迈入教育强国，推动我国成为学习大国、人力资源强国和人才强国，为到本世纪中叶建成富强、民主、文明、和谐、美丽的社会主义现代化强国奠定坚实基础。建成服务全民终身学习的现代教育体系、普及有质量的学前教育、实现优质均衡的义务教育、全面普及高中阶段教育、职业教育服务能力显著提升、高等教育竞争力明显提升、残疾儿童少年享有适合的教育、形成全社会共同参与的教育治理新格局。

立足新时代、推进教育治理体系和治理能力现代化，应当积极推进教育治理方式变革，加快形成现代化的教育管理与监测体系，推进管理精准化和决策科学化。提高教育法治化水平，构建完备的教育法律法规体系，健全学校办学法律支持体系。健全教育法律实施和监管机制。提升政府综合运用法律、标准、信息服务等现代治理手段的能力和水平。健全教育督导体制机制，提高教育督导的权威性和实效性。提高学校自主管理能力，完善学校治理结构。鼓励民办学校按照非营利性和营利性两种组织属性开展现代学校制度改革创新。推动社会参与教育治理常态化，建立健全社会参与学校管理和教育评价监管机制。要开创教育对外开放新格局。全面提升国际交流合作水平，推动我国同其他国家学历学位互认、标准互通、经验互鉴。扎实推进"一带一路"教育行动，加强与联合国教科文组织等国际组织和多边组织的合作，提升中外合作办学质量。完善教育质量标准体系，制定覆盖全学段、体现世界先进水平、符合不同层次类型教育特点的教育质量标准，明确学生发展核心素养要求。优化出国留学服务。实施留学中国计划，建立并完善来华留学教育质量保障机制，全面提升来华留学质量。推进中外高级别人文交流机制建设，拓展人文交流领域，促进中外民心相通和文明交流互鉴，鼓励大胆探索、积极改革创新，形成充满活力、富有效率、更加开放、有利于高质量发展的教育体制机制。

立足新时代、推进教育治理体系和治理能力现代化，应当全面落实立德树人根本任务。广泛开展理想信念教育，厚植爱国主义情怀，加强品德修养，增长知识见识，培养奋斗精神，不断提高学生思想水平、政治觉悟、道德品质、文化素养。树立健康第一理念，防范新冠病毒和各种传染病；强化学校体育，增强学生体质；加强学校美育，提高审美素养；确立劳动教育地位，凝练劳动教育方略，强化学生劳动精神陶冶和动手实践能力培养。①建立健全中小学各学科学业质量标准和体质健康标准。加强课程教材体系建设，科学规划大中小学课程，分类制定课程标准，充分利用现代信息技术，丰富创新课程形式。创新人才培养方式，推行启发式、探究式、参与式、合作式等教学方式，培养学生创新精神与实践能力。建设新型智能校园，提炼网络教学经验，统筹建设一体化智能化教学、管理与服务平台。利用现代技术加快推动人才培养模式改革，实现规模化教育与个性化培养的有机结合。创新教育服务业态，建立数字教育资源共建共享机制，完善利益分配机制、知识产权保护制度和新型教育服务监管制度。

立足新时代、推进教育治理体系和治理能力现代化，应当特别关注广大教师的成长诉求。百年大计，教育为本；教育大计，教师为本。教师

---

① 王定华：《试论新时代劳动教育的意蕴与方略》，课程·教材·教法，2020年第5期。

是人类灵魂的工程师，是时代进步的先行者，承担着传播知识、传播思想、传播真理的历史使命，肩负着塑造灵魂、塑造生命、塑造新人的时代重任，是教育改革发展的第一资源，是实现中华民族伟大复兴的重要基石。当前，工业化、信息化、新型城镇化、农业现代化迅速发展，国际竞争日趋激烈，国家经济社会发展对高素质人才的渴求愈发迫切，人民群众对"上好学"的需求更加旺盛，教育发展、国家繁荣、民族振兴，亟需一批又一批的好教师。所以，必须从战略高度充分认识教师工作的极端重要性，优先规划，优先投入，优先保障，创新教师治理体系，解决编制、职称、待遇的制约，真正加强教师队伍建设，造就师德高尚、业务精湛、结构合理、充满活力的高素质专业化创新型教师队伍。广大教师和教育工作者需要学习了解西方教育发达国家的新的教育理念和教育思想，并应当在此基础上敢于超越、善于创新。校长是教师中的关键少数。各方应加强统筹，加强中小学校长队伍建设，努力造就一支政治过硬、品德高尚、业务精湛、治校有方的校长队伍。

"教育治理与领导力丛书"是华东师范大学出版社为适应中国教育改革和创新的要求、推动中国教育现代化进程，而重点打造的旨在提高教师必备职业素养的精品图书。为了做好丛书的引进、翻译、编辑、付梓，华东师大出版社相关同志做了大量扎实有效的工作。首先，精心论证选题。会同培生教育出版集团（Pearson Education）共同邀约中外专家，精心论证选题。所精选的教育学、心理学原著均为培生教育出版集团和国内外学术机构推荐图书，享有较高学术声誉，被200多所国际知名大学广泛采用，曾被译为十多种语言。丛书每一本皆为权威著作，引进的都是原作最新版次。其次，认真组织翻译。好的版权书，加上好的翻译，方可珠联璧合。参加丛书翻译的同志主要来自北京外国语大学、北京师范大学、华东师范大学、浙江大学、南京大学、西南大学等"双一流"高校，他们均对教育理论或实践有一定研究，具备深厚学术造诣，这为图书翻译质量提供了切实保障。再次，诚聘核稿专家。聘请国内相关专业的专家学者组建丛书审定委员会，囊括了部分学术界名家、出版界编审、一线教研员，以保证这套丛书的学术水准和编校质量。"教育治理与领导力丛书"起始于翻译，又不止于翻译，这套丛书是开放式的。西方优秀教育译作诚然助力我国教育治理改进，而本国优秀教育创作亦将推动我国学校领导力增强。

华东师范大学出版社王焰社长、曾睿编辑邀请我担任丛书主编，而我因学识有限、工作又忙，故而一度犹豫，最终好意难却、接受邀约。在丛书翻译、统校过程中，我和相关同志主观上尽心尽力、不辱使命，客观上可能仍未避免书稿瑕疵。如读者发现错误，请不吝赐教，我们当虚心接受，仔细订正。同时，我们深信，这套丛书力求以其现代化教育思维、前瞻性学术理念、创新性研究视角和多样化表述方式，展示教育治理与领导力的理论和实践，是教育现代化进程中广大教师、校长和教育工作者所需要的，值得大家参阅。

王定华

2020 年夏于北京

（王定华，北京外国语大学党委书记，国际教育学院教授、博士生导师；国家督学、国家教师教育专家咨询委员会副主任委员。曾任教育部基础教育一司司长、教育部教师工作司司长、中国驻纽约总领事馆教育领事。）

序

今天的学校面临无数难如登天的困境，其中之一就是形成共享愿景。纸上的愿景可谓多如牛毛，然而关键在于共享观念以及观念的落地。实现目标只有一条路，那就是各级领导人的工作、互动、讨论、影响和在实践中学习。

这项工作必须透明和广泛：人们看见什么工作有效，不仅互相交流，也与外来访客交流他们正在做什么以及结果如何，与此同时，人们始终将愿景与领导力行动保持一致。在这种情况下，处理各种内部和外部的纠纷之时，我们的工作才能有的放矢，适应力强。

《发挥你的教育领导力》一书，描述了无处不在的共享领导力如何使穆尔斯维尔学区成功将愿景与文化彻底整合。令人印象尤为深刻的是，穆尔斯维尔学区的文化就是让领导力嵌入学区的每个角落。体系中的成员绝不可能发现自己没有发挥领导力。这本书的每一个章节都在举例说明穆尔斯维尔学区成员的领导力。

这部著作表明：一种全新的领导力观念要求拥有作者所谓的"二阶领导力"，也即领导力融入学区生活的方方面面，从招聘程序到学生与家长的领导力。从教师任职穆尔斯维尔学区的第一天开始，他们就被选中并培养为领导人，不仅作为个人，更是作为多个团队的成员。他们学习以

1

各种角色担任领导人，他们学习领衔数个正式和非正式的领导力项目。

这不是纸上谈兵。这本书处处可见学区领导力的亲自讲述，以及无数访客见证的专注领导力，这不仅仅是表象，而是渗透于整个系统中。这些描述不仅令人信服，而且给读者以极大且切实的启发，那就是"需要做什么"以及"如何去做"。

在我的作品中，我确认了深度学习的三个强大力量：教学；改变知识，尤其是改变领导力；技术。我写过，三种力量多年来都在成长，然而很不幸，三种力量各行其是，为了使学习"无法抗拒地进行"，三种力量必须整合在一个协同作用的点上。马克·爱德华兹和他穆尔斯维尔学区的团队正在为此努力——把强有力的教学和数字转换驱动相结合，并得到遍及系统的广泛而专注的领导力支持。

《发挥你的教育领导力》没有回避讨论所有学校面临的"艰巨任务"。它呈现了学区如何支持员工，热爱它们的雇员，消除孤岛，致力于成长，始终给予艰难的反馈，以及必要时让员工放手。因为整体立场是以发展为导向，整个系统都参与其中，所以绝大多数人都会成长，只有少数人需要一路妥当对待。如果环境积极且有发展前景，问题出现之时，同事很可能接受甚至会欢迎支持整体成功的行动。

在穆尔斯维尔学区，对教与学全面且强烈关注是其重要特色，具体表现如下：为学生和老师提供大量的数字资源；互动式和高度关注学生与员工的文化；个人追求结合数据与成长的卓越；不断进步的系统团队；共享对学习的重视，以及对学生成就的长久关注。结果就是穆尔斯维尔学区的学生在所有群体中，都取得令人惊叹的学业成绩。

《发挥你的教育领导力》向我们明示：与教学深度整合的穆尔斯维尔学区数字转换新方案，其实就是领导人嵌入整个系统的工作，就是共享愿景和策略的领导人赋予生命力的学习文化。在个别学校，我们也看见许多和数字设备相关的学习进步之处，然而在整个学区，这种沉浸式的数字化学习非常少见。这就是《发挥你的教育领导力》尤为独特的原因。

读者将学到：今日何为可能？未来出现何物？穆尔斯维尔学区，超越其他学区，领导下一代学区深入基于学习和领导力的数字文化。

迈克尔·弗兰

作家，安大略教育研究院前院长

引言　迈向全新的领导力观念

> "领导力，在众多团队成员里分散，对学生的成就影响巨大。"

2012 年 6 月的一天，我匆匆来到美国运输安全局（英文缩写为 TSA）的安检区，赶赴华盛顿。当时的乘客很多，大家排成长长的队伍，我很担心赶不上航班。排队的大多是商务乘客，在机场里司空见惯，他们忙着接打电话；其中有两对去度假的家庭，其他几个人身份难辨。大部分乘客的神情焦躁不安，和平时一样。我抬眼朝前看，发现队伍前面的气氛非常友好，与平常不一样，我深觉奇怪。

走近检查站时，我才恍然大悟。我听见乘务员笑问对方："尼尔森先生，今天感觉如何？""我很好。"乘客回以微笑。"嗯，希望你今日愉快。"她高兴地回答。等下一位乘客走近检查站，她问候："维斯女士，您今天真好看。""哦，你让我好开心。"女士回应。"旅途顺利。"工作人员再次报以微笑。

这种情景持续到队伍最后一个人。乘务员的愉快、友善和她的答谢，打动了每一位乘客。我递给她机票之时，已经观察这种交流五分钟之久了，早已笑容满面。"爱德华兹先生，祝你旅途愉快。"说话时，她直视我的双眼。"谢谢你，"我回答，"你可以给美国运输安全局所有雇员开设培训课程。"

走向登机门时，我还在思考这位乘务员的影响力。在紧张又恶劣的环境里，她以个人魅力和笑容处理单调的事务，她无疑是我遇见的最优秀的乘务员。她待客友善，态度积极热情，为同事树立了处理此类工作的范本。

她并不符合领导人的标准定义，因为她在组织中职位不高，然而我认为，就行为而言，她是当之无愧的领导人。

了解领导力

我的父母都是优秀的职业教育者，他们的关爱、职业精神和幽默，浸润着我们兄弟姐妹的成长历程，也构建了我的个人领导力。我们有一大家子人，有老者，有幼者，还有新生儿，强烈的荣誉感是我们生活的根基，而亲密的家人互动和文化环境有助于界定自我。从儿时起，教育者和家人帮助我习得领导力，所以我一直都将领导机遇视作本文化的自然属性，以及个人价值的核心。

我的早期领导力训练始于1988年，当时我在范德比尔特大学读研究生。我研读马克斯·狄普瑞的《领导力艺术》，深受作者参与领导力和团队文化动力等观念的影响。我研读罗兰·巴斯关于"阅读、共享、合作是学校进步根基"的理论。迈克尔·弗兰和玛格丽特·惠特利关于组织设计的理论，这些都令我深信共享领导力的力量和组织流程的科学。乔纳森·科佐尔强调的道德律令满足了美国很多贫困儿童的需要，马尔科姆·格莱德威尔关于社会演变的心理学著作也触动我的灵魂，进一步影响我关于领导力责任的观念。

我第一个管理职务是担任佛罗里达州萨拉索塔县天堂湾小学的校长，与督学恰克·富勒共事。他坚信在礼貌与善意中制定和领衔的共享决策，他是我的导师，至今仍然是导师。

之后，我担任田纳西州默夫里斯伯勒县的诺斯菲尔德小学的校长，与优秀的教师詹妮弗·诺克斯共事，她示范了教师层面的领导力。在学校，她永远都是正能量。很多"熊孩子"都归她管，远远超过她的工作范围，只因她总能触动孩子们。一天，社工带来了一位被收养的孩子，小姑娘艾米饱受虐待，有严重的行为问题，被各种机构"踢皮球"。虽然诺克斯女士的班级人数很多，远远超过其他的老师，不过我深知，她是全校帮助新人艾米的最佳人选。

我和她稍作商量，然后领着艾米去教室。我们到了教室，诺克斯女士告知全体同学："非常感谢您，爱德华兹先生！姑娘们都说，我们班的小伙子太多了，我们真高兴你来了，艾米。到这儿来，我们帮你准备好了。好消息，同学们，这是艾米！我们一起热烈欢迎她！"我走回大厅，深知艾米会重获新生——事实的确如此。

我在弗吉尼亚州亨里克郡担任督学时，我们的领导力团队阅读了琳达·兰伯特的著作《构建学校领导力才干》和玛格丽特·惠特利的《领导力与新科学》，这两部作品深刻地影响我们，无论个人还是团队。书里的理念，引领我们加速领导力才干工作，主要是教师设计不断前进的领导力"路径"。

自 2007 年以来，我一直担任穆尔斯维尔分级学区的督学。该学区位于北卡罗来纳州穆尔斯维尔市，夏洛特市之外。作为校长、学监与督学，我观察各种组织的领导力，比如学校、学校系统、年级、部门、教室、社团和机构，我长期留意领导人在各种团体文化中的影响。我的领导力观念，包容并拓宽常规学校领导力的定义，而后者着重校长和督学的个人领导力。如今，进化的教育生态系统要求学校领导人在教师和学生需要的情况下增长技能，将分散的领导力当成艺术和科学，渗透到他们的学习和实践中。

我与各层级领导人共事的经验对我影响巨大，在我的职业生涯中，这些经验足以让我帮助他人，将其塑造为领导人。过去数年里，我学习鼓励教师和员工独特的才干，推动他们发挥领导人职能，竭尽全力提高学生成就。

我在亨里克工作的同事，维基·威尔逊博士，最近对我说："马克，你多年来都在实践一种不同的领导力观念，无论你身处何种位置。"我长期并反复思考我的领导力观念，逐渐意识到领导力正如 TSA 雇员的示范——分散于团队，传递至服务终端——最有力也最有效。

如今，我将新的领导力理念自觉运用于我的工作当中，并尽力以理念来激励他人。我与很多人共事，包括教师、校长、学生、勤杂工、公交司机、食堂工人、学校董事会成员、社团成员、办公室员工等，他们都在服务终端展示领导力，为他人创设积极的体验，为工作做了最佳示范。

领导力声音

学会感激

丽贝卡·T.米勒

《美国学校图书馆学刊》主编

在面板后面，……爱德华兹……问候我，他说："感谢你的领导力。"从未有人对我说过这番话，如果以前有图书馆员多次听过这番话，也会令我惊奇。这句话对我过往的行为表达了感激，更重要的是，表达了期待。

我思考已是领导人的图书馆员和行政人员之间的隔阂，后者也许并不明白前者在创建优良学校中的潜能。这是此行业面对的最大挑战。

有效领导力是共享的

在穆尔斯维尔学区，每年都有成千上万的访客，他们研习我们的数字转换新方案。他们最常观察到的，不仅包括我们一对一的技术、数字工具，还有我们共享的领导力，因为我们坚信领导力的拓展范围远远超过三两个人。现在，遍及穆尔斯维尔学区的领导人影响我们的教学实践、我们的学校和地区文化，惠及每个学生。

个人和团队示范一线领导力，力争卓越——主动解决问题，或者改进过程。我们鼓励每个人当领导，我们认可我们的领导人，我们坚信如果我们要进步，我们都会进步。

访客反馈

你们的领导人看似无处不在——教师、校长、副校长以及所有员工。为数众多的领导人创造了能量的流动——我能感觉到这一点。

帕特·格雷克

督学，门诺蒙尼福尔斯市，威斯康星州

当代公立院校面临比以往更复杂的挑战，也在困境中承担更多的责任。团队高层的一两个人，不可能成功应对浩如烟海的工作。我们必须要发展宽广且深入的领导力，也是所有人都能获得的领导力，以便构建指引我们前进的力量。

技术总监斯科特·史密斯与穆尔斯维尔高中技术助教特雷西·韦德使用全新的网络资源

我相信，其他学校和地区可复制我们的集体领导模式，也即杰出的领导人亲自走入教室、大厅、校车、食堂以及学校生活的角角落落，无论面临何种任务，比如管理预算、打扫教室、提供学生餐饮、组建社团或者提高学生成就。随着管理改变和数字转换的大量挑战，多种多样的领导人对学校新的生活方式至关重要。

访客反馈

时至今日，我们询问多位地区行政官员：他们的核心目标是什么？他们可能会提出：提高学校的教与学。老师期待督学做决定，支持他们的教学工作。家长以及校长和老师，期待地区领导人为孩子们提供可能的最优教育。

这些期待，与联邦、与州政府层面不断增长的担责要求相结合，导致地区必须转变作风，从敷衍塞责的官僚主义和唯命是从，转变为目标驱动和关注结果。

如今的技术关注学生如何学习，因此，也关注我们如何必须以教学和领导来回应学生。技术的冲击日新月异，增加了转变的挑战性和复杂性。"老师是知识的唯一来源，学生依赖老师讲授"的时代一去不复返了。如今，老师是多种信息来源的代理人，引导并帮助学生，同时学习如何成为有责任感和挑剔的信息消费者。

一去不复返的，还有领导人只关注领导。今天，地区领导人必须关注重新培育他们的制度。重新培育，远不止改变结构和政策——甚至重新分配资源。这要求领导人明确传达一个可能的愿景，以及吸引员工的具体策略，更重要的是，帮助他们体验可能的变化。只有通过改变人们的体验，我们才能最终改变人们的信仰。重新培育，只会在一种情境里发生，那就是学区的成年人共享一个愿景，一个策略，一个帮助所有学生学习的信仰制度。

比如穆尔斯维尔学区，它是重新培育可行性的样板——服务所有学生和员工。于是学习、教学以及领导变得更富活力，更注重合作以及更加个人化，而且重点在于提出正确的问题，而非仅仅知道正确的答案。重新培育已在进行，当然，这需要我们和学生的勇气、自我反省、坚忍不拔以及长久的信仰。

——苏珊·恩菲尔德博士

督学，海莱恩学区，布里恩市，华盛顿州

　　当时，我沿着园景小学的大厅疾走，刚拐个弯，就看见一个流泪的小男娃，有个小女娃在旁边安慰他。"怎么回事？"我问他们。"杰瑞想去办公室，可是他迷路了。"小女娃说，"我告诉他，我可以带他去，没什么大不了的。我还跟他说，我上幼儿园的时候也迷路，不过我现在是一年级的小学生了，我认得路，我知道办公室在哪儿。你不用跟着我们。"我一边赶着开会，一边想，这就是领导力对两个小娃娃的影响。

目　录

第一章　分散式领导力和高水平教与学

> 如果仅靠组织顶层的一两个领导人，高水平教与学
> 工作的目标不可能实现。

2012 年的秋天，就在东穆尔斯维尔中等学校开学前两天，校长罗宾·梅尔顿与平时一样，快步走出多媒体中心，然而地板刚上蜡，她脚底打滑，不慎摔倒，摔断了颈椎。作为校长，罗宾的工作非常出色，她领导变革，关注每一位学生，培养全校师生的才干和领导力。仅仅数周之后，副校长贾森·加德纳担任新职位。

全体教职工应付自如，他们发挥集体领导，鼎力支持贾森和全体学生，以代替罗宾的工作。各年级主任全力以赴，支持他们的同事，并且相互扶持。贾森立刻适应领导岗位，因为全体职工就在他的左右。

东穆尔斯维尔中等学校经受住挑战，而这种突发事件通常会让很多学校束手无策。然而在这里，意外发生之后，每个人都反应迅捷，而且群策群力。高水平教与学工作进展顺利，学生也认可。

在穆尔斯维尔分级学区（MGSD），我们的领导人不胜枚举——校长、教师、勤杂工、中心办公室员工、文员、公交车司机、技术人员、儿童营养师、食堂工人、父母、学生，还有社区成员。他们共享领导力，令我们的工作清晰有力——所谓我们的工作，就是"高水平的教与学"。

我们日常工作的每个层面都有领导人，我们的热情与支持影响身边的每个

人。如果仅靠顶层的一两个领导人，高水平教与学的目标不可能实现。

何谓分散式领导力？

学校的分散式领导力，即每位员工、每位社区成员和每位学生都有机会领导他人，并且期待被他人领导，也就是说，领导力并不只属于顶层的寥寥数人。

在许多组织里，领导人角色是固定的，其他人鲜有机会参与领导。但是我们发现，如果我们颠覆成规，主动助长领导力——不仅给予机会，而且给予期待——许多个人和团队将会应对挑战。分散式领导力，超越传统的定义，提供了一个新视角，让我们思考如何在学校领导工作。

作者和穆尔斯维尔高中十年级学生艾丽西亚·鲍曼，与南部小学一年级学生一起学习

各层级领导人

分散式领导力——也被称为共享式、集体式、普遍式、包容式领导力——在学区无处不在，因为他们有意创建分散式领导力模式的文化。

教师以热忱和关爱领导学生。校长和其他行政人员负责教室、走廊、食堂，为每日工作倾注心力。学生领导人帮助构建一个集体式工作伦理，以及一个处处有爱的氛围，而且这个有爱的氛围是工作之基。

勤杂工会为改善我们的工作环境加倍努力。巴士驾驶员认识所有学生，每天都鼓励他们。社区成员在许多咨询委员会表现活跃。社区基金会支持各种需求；不计其数的社区和公民组织提供集体式帮助，对此，我们每天都有所体会并依赖于此。

访客反馈

卓越的领导人明白，通往彻底改变的唯一路径，就是让所有人深深嵌入改变之旅。改变全学区的工作绝非易事。穆尔斯维尔学区的内部动力显而易见，这种动力源自工作，与全国各地区共享。强烈的团队意识就是：让学生与员工去学习。

——帕特·格雷科博士

督学，门诺蒙尼福尔斯市，威斯康星州，创新学校联盟成员

巡回领导人

正如在《每一天，每一个孩子》一书中所描绘的，穆尔斯维尔学区的老师发挥"巡回指挥"的作用，他们在教室里来回走动，指挥学生学习。同样，"巡回领导人"——校长、副校长、中心办公室员工、教师领导人以及其他人——指挥学生和全校成年人。

哪里需要他们，巡回领导人就出现在哪里，帮助新员工和鼓励学生。他们为学生和教师提供情境式的指导和发展方向，而后者始终需要来自校长、副校长和其他领导人的鼓励。

学校的日常生活里，干扰和冲突层出不穷，保持追求卓越的节奏感实属不易。为了抵制这些消极力量，穆尔斯维尔学区的巡回领导人保持可见度，加强集体式

解决问题的文化，支持高水平的教与学的环境。如果校长、督学和其他学校领导人随处可见，学生在教室和走廊里天天看见他们，其实就传递了如下明确的信息：

巡回领导人信息

- 这就是行动之处；
- 你们——学生和老师——就是我的当务之急；
- 保持专注；
- 这就是重中之重。

东穆尔斯维尔中学校长贾森·加德纳，访问六年级的一个班

分散式领导力的影响

时至今日，在穆尔斯维尔学区里，已经超越领导力的传统定义：即假设顶层的一两个人下指令，一大群人唯命是从，而后成功水到渠成。事实恰好相反。在穆尔斯维尔学区采取集体式领导力文化，因为它通往高水平教与学，使学生有更高的成就。

很多学校和学校系统试图创设团队工作和共同治理。然而，我相信穆尔斯维尔学区的共享领导责任的目标更上一层楼，直接影响学生成就。

巅峰水准教与学

优秀的网球选手总是看准网球，而后确定落点方位，准确击球。在团体项目中，比如篮球，高水平运动员能够达到出色的团队合作新境界，他们的行动高度默契，宛如一人而不是一个群体。运动员要达到这种"巅峰水准地带"，唯有通过大量的训练和实践。教与学，同样如此。

当我们不断努力而后到达巅峰水准教与学之时，我们感觉一切都进展顺利。就在穆尔斯维尔学区，许多领导人共同工作，为个人、群体和团队创设高水平教与学地带的条件，在此地带，共享式协同促进了学习与工作流。

当共享式支持和领导力的协同力量影响员工之时，也即员工努力以全新的方式"点击"。一个全新的场景诞生了，所有人都应邀竭尽全力，因为所有人都是领导人。这种感觉传染般蔓延，我们每个人都能引领我们的运动通往新高度。

穆尔斯维尔学区四年毕业率分组，2005—2013

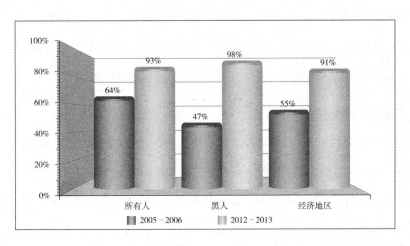

因为领导人无处不在，分散式领导力的模式影响校园生活的每个角落。每个人都深受影响而加入其中，并且在日常文化的每个细节中都融入了高水平要素，

如下所示：

高水平教与学的要素

● 为研究、项目、个人工作和合作提供数字资源；

● 一个互动的、流动的、高度关注学生和员工的文化；

● 个人对卓越的追求融入大数据，并为他人提供关爱；

● 一个发展的系统团队；

● 一个关于学习的共享重心；

● 对学生成就的持续关注。

可见度增长

一两位领导人，可见度是有限的，当然不能创设高水平教与学的地带。传统的、分级别的领导人，不仅很少为人所见，而且对学校正在发生的事情一无所知，因为他们与很多日常活动脱节了。

在穆尔斯维尔学区，领导人处处可见，处处皆忙。他们影响他人，以不同视角看待学校活动，为集体式工作带来丰富的领导力观念。他们努力在场，也被看见，只为运用他们的领导力技能，处理遇到的各种情况。

积极的社会场景

虽然在很多学校，分散式领导力未能广泛实行，然而它远非一个全新的概念，它的价值在各种组织中都被看重。在《领导力艺术》中，企业家和作者马克斯·狄普瑞写道：在包容式工作环境里，雇员感觉到作为个人，自己被需要、被接受和被关爱。他们也得到公正对待，能够接受挑战，深信他人尽力理解自己的关切，感觉任何成就都有他们的功劳。当这些情感与态度存在，组织将无往而不利。

我们有意在穆尔斯维尔学区培育这些情感，目的是在教室和走廊创设积极的社会场景，最后令员工和学生们受益无穷。

适应力与毅力

在穆尔斯维尔学区数字转换新方案里，分散式领导力帮助我们创设适应力与毅力，尽管困难重重。通往个性化学习和数字工具的旅程充满挑战，但是遍布社区的众多领导人给予我们排除万难的力量。

在我们事业的开端之时，许多员工有所怀疑，有些人断言失败的结局，然而越来越多的人渐渐受到感染，而后为之狂热，并且得到同事的支持。岁月流逝，阻力终于消失。

我们与员工做好准备：与变化同来的混乱难以避免，只要我们同心同德，一定能够共渡难关。变化之路漫长，在此期间始终保持专注并非易事，当混乱到来时它会难上加难。然而，员工在路途中颠簸而行时，他们无需顺着指挥链，寻找解决方案，他们相信附近有领导人会伸以援手。结果显而易见，当新问题出现时，他们的适应力越来越好。

总而言之，团队合作的效果显著，所以我们拥有全新的信心，也能够迅速应对挑战和共同进步。分散式领导力模式，推动领导人步入走廊和教室，在需要之时，提供支持和解决问题。

访客反馈

在穆尔斯维尔学区，如你所见，日常行动来自社区所有成员，他们展现重要的领导力，结果就是学生成就斐然，因为学生踊跃行动。一个积极的校园文化，就是最强有力的指示灯，指示学校能够走多远，在这所学校里，只要所有人都被认为、作为和视为领导人！

——S.达拉斯·当斯博士

督学，巴尔的摩市，马里兰州

共享快乐和幸福

当学校工作就是与学生身处共享领导力驱动下的巅峰水准地带，结果就是共享愉悦和幸福。正如马克斯·狄普瑞所言，最成功的组织都享有一个共同的纽带：那就是互相依存、互利共赢和群策群力，以及简单的快乐。确保这种纽带得以维持并强化，也是领导力艺术的一部分。这也是穆尔斯维尔学区的目标。

在穆尔斯维尔学区，教师因学生的成功而获得极大的快乐和自豪。他们无数次对我说：他们热爱学生，认为学生很出色，他们构建了强有力的大家庭意识，并且共享幸福。学生们受到激励，不会辜负老师的赞美之词。

老师对学生微笑，和他们欢笑，此时他们感觉自己和老师建立了联系，他们就会向老师请教，与老师一起学习。当我担任田纳西州诺斯菲尔德小学的校长时，一个二年级男孩对我说："我们喜欢你在教室里欢笑，达金夫人也爱笑。"学生爱笑，笑声帮助我们建立纽带，克服困难。

领导力声音

教工之家

在穆尔斯维尔学区，我非常庆幸身边都是领导人，他们工作以身作则，而且真心实意。我们是一家人，彼此尊重。

我们小学的执行董事，克里斯托尔·希尔，自从我开始工作，就陪伴我左右。她指导并鼓励我，而且示范我成为她那样的领导人。我们的技术总监，斯科特·史密斯，为人宽厚又乐于助人，期待我们使用技术，也示范数字

菲利希亚·巴斯特
校长，穆尔斯维尔中等学校

转换应该如何呈现。我从斯科特身上获益匪浅，不是通过各种指示和命令，而是我们共同演练，共同探讨。

在穆尔斯维尔中等学校，我和员工也是如此行事。我们也是一家人。我工作也要以身作则。所有员工都明白：我自己不愿意做的事情，我也永远不会让他们去做。我们关心对方，尊重对方。我们承认：有时我们可能需要严肃的谈话，但是内心始终要考虑学生的最大利益。

迎接今日挑战

今日的学校面临众多挑战，正呼唤着领导力的新观念。如果我们反思传统观念，比如学校只需要顶层的一两位领导人，我们就会更好地定位并迎接挑战，帮助学生走向成功。我相信：对今日众多学区而言，由二阶的、分散式领导力驱动下的高水平的教与学才是通往生存与发展的唯一之路。

为了应对数码进化、复杂的考核制度和缩水的财政预算，我们必须发展强有力的领导力文化，以提升、推动、激励、鼓舞和管理我们的教师和员工，与此同时，他们也欣然接纳自己的工作，朝高水平的教与学行进。

管理变革

美国的所有学区为学生和老师提供平板电脑、笔记本和数码产品，正如我们在穆尔斯维尔学区所为，只为期待提高教与学。许多观察家提出警告：因为成功的要素不胜枚举，而且相互作用并影响，技术绝非唯一要素。

研究者建议：在新环境里，影响成功的一个要素就是深刻理解管理变革，而管理变革需要各层级的领导人。

访客反馈

在一个初始项目研究中，低于1%的学校符合我们成功的标准。学校里高度复杂的新技术环境，必须要应对管理变革的挑战，而后许多部门都有领导人方可应变——包括财务、技术、基础建设、主题、课程、教室、职业培训、当地社区，以及更多。

> 汤姆·格里弗斯，珍妮·海斯，
> 莱斯利·威尔逊，迈克尔·基尔尼亚克，里克·彼得森
> 《技术因素：通往学生成就和成本效率的九把钥匙》

在穆尔斯维尔学区，我们必须做出艰难决策，最后要解雇一些人。重要的是，我们始终牢记：推行管理变革和领导转换，需要个人领导力和组织支持。

服务社区

在穆尔斯维尔学区，我们深信领导力发展的重要性——无论是对学生，还是对老师。比如说，锐旗精英会，它为年轻人提供一个国际组织的工作机会，该组织致力于服务和国际交流。它的目标是：发展创新力和领导力，提供在社区的生活和工作经历，而后服务于学校和社区。

精英会也帮助学生提高，决定在大学里选择哪些课程，递交大学申请书。每年，学生完成若干社区服务项目，就能帮助他们提高领导力技能。

领导力声音

再接再厉

锐旗精英会导师，穆尔斯维尔全国有色人种协会（NAACP）主席

我在穆尔斯维尔成长，我记得当很多学生需要额外帮助的时候，总是求助无门。今天，生物组所有教师都承诺，竭尽全力帮助学生，所以，我们放学后轮流值班，提供指导课程。我们希望每个孩子都明白：我们在乎他们，我们不想让他

萨摩妮·格雷厄姆
穆尔斯维尔高中生物组
教师领导人

们堕落。

当我加入穆尔斯维尔的 NAACP 之时，我告诉执行官，我们要接近那些在家庭中缺少支持和榜样的孩子。这也正是我们当前的行动。我为我的学生而骄傲。他们知道：我们之所以鼓励他们，只因我们在乎他们，我们才这么做。

过去，我们少数族裔学生的毕业率大约 50%，我们都明白，这个数据很难让人满意，然而，当我们的非裔学生毕业率达到 98% 的时候，我能看到学生眼神的迥然不同。每一天，我们都在为此坚持不懈，以后也是如此。

少花钱多办事

今天，在穆尔斯维尔学区，我们要求教师、校长、督学和学校董事会少花钱多办事。在教育的新时代，学校面临责任变动和资金挑战，格外需要广泛和专注的领导力，以激励员工面对挑战，并且提供亟需的训练。

我们期待穆尔斯维尔学区的每个班级的每个学生都是成功的学习者，尽管预算越来越少，班级规模越来越大，社区变化多且时间短，还有始终变动的数字转化。我们的员工仍能应对机遇，呈现卓越的创造力，提出解决问题的新方案，步入新的领导人岗位。

渡过难关

我们的分散式领导力文化，正在帮助我们渡过难关。领导人帮助每个人领会和运用高要求和高期待的文化，以及面对自我满足的挑战，哪怕在预算处于前所未有的艰难时期。这点极其重要。

领导力行动

主动行动

当我们的员工成长基金几乎从预算里被全部裁掉的时候，两位教师挺身而出。特雷西·韦德和梅根·麦格拉斯，成为穆尔斯维尔高中的技术辅导员，在资金短缺时期，依次为员工提供迫在眉睫的支持。

他们成为强大的领导人，领导老师和学生。与单个教师和团队共事之时，他们开始演示：如何使用全新的数字内容、示范项目和探究式学习模式。他们也和同事进行小组教学，帮助他们边学边做，同时为学生示范强有力的合作学习。

特雷西和梅根，当身份改变时，他们就以领导人的身份出现，而且成为有强大影响的领导人。另外两位技术辅导员，受困于变化的工作要求，然而特雷西和梅根接纳领导人的新角色，推动学校的变革，以及示范合作。这个变化需要时间，然而结果会提高效率、经济效益和全面的技巧。

就北卡罗来纳州公共教育经费而言，我们身处困境。我们的教师五年没有加薪，虽然我们期待形势尽快好转，然而难挡本州教师情绪低落。在穆尔斯维尔学区，教师和员工相互激励又相互鼓劲，这有助于我们应对每日挑战。教师、员工以及行政人员，工作有干劲、有热情，更有激情。

几年过去了，我们的教师放学后加班，为学生提供额外的帮助课程，这些工作都没有薪酬。甚至现在，与从前相比，我们有更多的教师，为学生提供更多额外的帮助课程。我们的教师领导人，不仅在个人工作上示范领导力，而且鼓舞他人，安排和组织工作。

很多人总是问我：我们如何"安排"老师，在课前和课后指导学生。我总是回答：我不需要"安排"他们如何行动。他们之所以行动，因为他们在乎，因为他们忠诚，因为他们是"包罗万象"的文化的一部分，而这种文化浸润每所学校的每个角落。

在 2014 年，他们的努力引领我们学区成就到达新高度，我们比本州其他学区达到更多的年度可测项目（AMO）目标，尽管我们只得到 100 位次的资金。

北卡罗来纳州 AMO 目标达成，2013—2014

AMO 目标满足前十名北卡罗拉纳州	目标达成度
1. 穆尔斯维尔分级学区	96.1
2. 联合郡	94.1
3. 波尔克郡	93.5
4. 亨德森郡	92.9
5. 卡姆登郡	92.5
6. 芒特艾里市	91.8
7. 沃特加郡	91.5
8. 加特利郡	91.4
9. 戴尔郡	91.3
10. 扬西郡	91.1

AMO 基于学生获得的 EOG/EOC 的 4 到 5 级的水准、EOG/EOC 参与率、数学课程难度、毕业率、ACT 水准和参与率、关键工作评价水准和参与率以及出勤率。

AMO= 年度目标达成，EOG= 学期末，EOC= 课程末

领导力声音

分散式领导力持久的影响

在摩尔郡,实行数字化学习新方案的核心挑战之一,就是需要接受和理解。作为经历数字化学习的领导人,并与爱德华兹博士在亨里克郡共事之后,我迫不及待地展开工作。然而,我也期待长期的影响,我深知教师面临大量的改变,这会导致广泛的"新方案厌倦"。

亚伦·斯宾斯博士
督学,弗吉尼亚海滩,
弗吉尼亚州,
前督学,摩尔郡学校,
北卡罗来纳州

我们学区的很多教师乐于接受新观念,即数字化学习能够改进我们的校园,然而鲜有人会迅速付诸行动。我们承认,"即刻"行动也许会翻车,所以我们需要时间,适应新方法、教学模式和步骤等等。我们做好规划,包括安排很多试点。

我也明白,假使只有我一个人相信新方案,那么它的败局已定。所以,我们要确认校长们深信数字化学习的力量,而后由他们志愿领导试点的工作。他们轮流确认教师领导人,后者将在他们的课堂运用和推广新方案。

因为我还有别的工作需要关注,所以在本区我有一个领导人团队,一旦有需要,他们就为试点提供援助。几位核心领导人,深信新方案的愿景,他们掌握新方案,落实每一个细节。没有他们——特别是副督学、技术总监、首席技术教练——我们的数字化学习就不能展开双翼。

我们的分散式领导力包括置身其中的所有人,比如教师、校长、家长、学生和地区行政人员。我努力确定一个清晰的愿景,然而我也知道,持久的影响只会和灵活的解决方案相伴:谁掌握愿景,谁就会挺身而出,而后学校就让谁承担领导人角色,实现愿景。

勤杂工乔治·加德纳获得2013年度勤杂工奖，穆尔斯维尔中等学校副校长克里斯·盖蒙颁奖，运营总监托德·布莱克观礼

去年夏日的一个雨天，我和儿子前往穆尔斯维尔中学打篮球，当时我看见几位勤杂工在食堂干活，于是站在一旁向他们问好。他们认真地打扫食堂的地板，确保地板光洁无瑕。"边边角角的地方很难清理，不过我们多打扫几次，就能打扫干净了。"乔治·加德纳说道。

"当我们为访客做准备时，我很感激你们每个人展现的领导力，"我回答。"去年，每个人都说我们的校园旧貌换新颜，这是你们辛勤工作的结果。"我握住他们的手，而后转身去体育馆。

思考题：

1.为了实现分散式领导力，你是如何落实具体步骤的？

2.你如何看待每个人的贡献都是有价值的观点？

3.处理问题时，你会采取何种集体式策略？

4.你如何看待巡回领导人的概念？

5.你如何看待改变管理的观点？

第二章　共享愿景的领导人

> "在我们学区，领导人随处可见，无时无刻不在提供支持和指导。"

参观穆尔斯维尔和梅本暑期读写提升协会之际，我向访客说明：他们将会看到多种形式的穆尔斯维尔分级学区领导人行动。协会得到梅本基金会的部分赞助，为一到三年级有阅读障碍的学生提供暑期读写项目。我们首先访问穆尔斯维尔分级学区基础教育执行董事克里斯托尔·希尔博士，她直接领衔该项目。

她向我们介绍了项目总监谢丽尔·道奇，穆尔斯维尔分级学区的 2011 年度教师，而后我们一起参观了二年级课堂。在课堂上，我们见到青年教师劳伦·威利，他是岩石河小学年度新教师，正坐在地板上，帮助孩子们在 IPAD 上写故事。

隔壁教室里，艾丽西亚·鲍曼在指导一群学生阅读，她负责阅读项目，是穆尔斯维尔高中十年级学生，也是学生导师或助教。艾丽西亚是孩子们心目中的好老师，因为她是孩子们的邻家大姐姐，学生们显然想要取悦她，不想辜负她的期望。

另一间教室挤满了做动物试验的学生，特洛伊·埃克尔斯担任学生助教，他是穆尔斯维尔高中毕业生，已收到霍华德大学的录取通知书。谢丽尔告诉我们，特洛伊是孩子们心目中的偶像，深受孩子们的爱戴。

因为每位领导人都为自己的职责而骄傲，他们灿若阳光的热情与笑容，显然影响着孩子们的进步。

我相信，由广泛的领导人造就的高水平激励——每个人展现不同领域的领导力，相互支持，并且认识每个学生——这是建构学生和教师持续成功的要素。

我们的数字转换新方案，如同一条河流，流水不时改变航道，所以我们必须适应全新的动态内容和责任政策。我们随河流转向时，需要众多领导人为员工提供帮助，并保持前进的专注——为学生，为部门，为学校，以及整个学区。所以我们将分散式领导力融入我们工作的方方面面，我们支持专注于指导与合作的领导力发展，也相信学生成就与我们不间断的支持和员工指导紧密相连。

在穆尔斯维尔学区，领导人共同工作，创设我们日常行动的团队力量。我们推动领导力的工作，远远超越管理者的层次，所以我们身边处处皆是领导人——工作、给予、关爱、学习、分享和领导。在我们学区，领导人随处可见，无时无刻不在提供支持和指导。

去年，学校网络联合会（CoSN）带来一支来自23个学区的领导人团队，参观穆尔斯维尔的数字转换场景，随后在其他学区引发了如何实现类似转变的讨论。

访客反馈

也许，全部体验中最具震撼力的部分，就是来自穆尔斯维尔领导人团队——从爱德华兹博士到课程主管、技术和财务主管。他们全力完成对方的工作。这不只有一位强大的领导人，爱德华兹博士显然更为突出。更重要的是，我们看见穆尔斯维尔团队形成一个共同愿景，那就是分散式领导力在行动。

——基斯·克鲁格
学校网络联合会首席执行官

校长和副校长

研究表明，校长对学校教学质量影响深远，所以许多观察家建议，每一所好学校，都要有一位好校长。我担任督学二十多年了，和三所学制不同的学校的校长共事，我深觉此言非假。我敢断言，我共事过的许多好校长，他们不仅对学校，而且对生活与社区，都影响深远。

校长与副校长处理复杂和挑战性的事务，在校园生活中扮演重要角色。在穆尔斯维尔学区，校长与副校长飞速成长，他们持续学会新技能和领导力策略，在日常生活中追求卓越。

发展领导人

在分散式领导力模式下的数字转换新方案中，正式领导人必须拥有新技能，方能领导工作。新技能最重要的一项就是：培育他人的领导力。

我们的校长明白这份努力的结果，当教师领导人影响并领导同事之时，遍及学校的学生成就会与日俱增。因为，当我们运用全新数字内容之时，最佳实践就是永远在场和与时俱进，所以我们需要更多的人出现在更多的地方。作为教师领导人，应共享最佳实践，"教会"其他教师并帮助构建教学团队，提高学生学习能力以及教师成就。

N. F. 伍兹高新技术与艺术中心校长迪伊·吉布斯，一直要求各部门主任领衔年度信息会议。在他富有感召力的领导之下，他的员工勇于担责，坚持不懈地鼓励最需要我们帮助的学生。他领导我们的米 - 韦依非传统学校项目，获得员工巨大的支持。该项目服务了 60 名学生，孩子们通过补修学分和小课堂来争取毕业，因为许多米 - 韦依学生都面临学术、纪律和其他困境。

吉布斯先生也和当地的职业桥梁咨询的商业领导人共事，为学生寻找当地的商业机会，并且筹钱资助学生参与全国赛事。2014 年，17 名学生进入全国赛事，我们有足够资金为学生和员工的旅行买单。

领导力发展不限于教师员工。我与校长访问学校时，经常听见校长赞许他人的工作。有一次，我们前往园景小学的自助餐厅，校长马克·科顿告诉我："这些女士是我们穆尔斯维尔学区拥有的最佳员工。她们带着热情和友善而来，为学生服务，她们大有作为。"

每位好校长为了教师和员工领导人的发展投入巨大。我们的自助餐厅员工、公交车司机、勤杂工、办公室员工都成长为领导人。他们帮助、鼓励和指点他人，在工作和态度上以身作则，将所有穆尔斯维尔学区管理人的行动融入领导力文化的日常工作，实质就是确保领导人与学生、教师、员工、父母和穆尔斯维尔学区大家庭的每个成员的杰出工作。

领导力行动

领导力发展在行动

几年前，我们聘请营养师吉米·麦考尔，负责学校食品服务项目。CFO 特里·哈斯负责儿童营养项目，在他的帮助下，吉米很快展示了在营养标准和菜单研发领域的领导力。

随后她更进一步，每日发送包含健康生活小贴士的趣味邮件。结果有些教职工和教师领导人开始仿效，并参与到了健康生活行动中，包括开设运动课程、减肥团体和健步走俱乐部。吉米受人尊敬，与喜欢她的同事共同学习。

示范学习的重要性

穆尔斯维尔学区的校长通过自主学习，成为所有人的榜样。很多人已完成，或者正在完成博士学位，他们帮助攻读学位和其他证书的人，他们也帮助设计计划和领导我们早期公布的职业培训。

作为专业发展项目的一部分，我们每天都采用书本研究形式，以增进我们对领导力工作的理解。2013 年，研究团队讨论马克斯·狄普尔的《领导力的艺术》，其中有三位校长——园景小学的马克·科顿、东穆尔斯维尔中等学校的贾森·加德纳，还有 N. F. 伍兹的迪伊·吉布斯和一位副校长，穆尔斯维尔中学的安杰洛·德林桑迪。

他们采用小型团队互动的方式，确保每个人都全力投入，持续探讨多种将狄普尔的概念引入工作的方式。我乐见这种专业发展会议，会议展现领导人的相互影响以及个人能力的提高。

有趣的是，2013 年，马克和其他成员刚刚获得温盖特大学博士学位，贾森、安杰洛和新成员成为博士研究生。显然，他们的正式成人学习项目极大地推进他们成为学校领导人的工作。

领 导 人 如 何 示 范 学 习

- 保持投入；

- 与学生和员工交流工作；

- 鼓励、认可和微笑；

- 问询并且了解；

- 努力帮助他人；

- 教练有信念；

- 领导有目的、能力、热情和专注；

- 分享他人的学习经验；

- 继续个人学习的旅程。

保持可见度

我坚信，学生和员工需要始终看见校长。校长在场的领导力影响着合作与学习。在穆尔斯维尔学区，校长与别处的不一样，一天的大部分时间不待在办公室。他们绕行各种建筑，出入教室、自助餐厅、走廊和校园。他们忙忙碌碌，他们尽职尽责。

他们在观察和影响学生与老师工作的日常流程的同时，通过在现场与活动施行领导力。往往在他们鼓励每一位学生、认可每一位老师、与他人共享领导力的观察之时，就会与重要的工作不期而遇。

副校长也是我们领导力结构的重要构件。和校长一样，对学生、员工而言，他们始终保持高度的可见度，为我们方方面面的工作提供领导力，增加学生、员工和父母的价值感。

当我与校长穿行校园，学生总会跑到我们身边，问问题，谈作业，或者分享成功的喜悦。校长就在这里，这对他们至关重要。

领导力行动

行动可见度

穆尔斯维尔学区的校长和副校长，就领导力的活动而言，他们绝对是"在外面"的。他们每天清晨都站在人行道上，欢迎学生和他们的父母。父母乐见微笑的校长欢迎自己的孩子，还能叫得出孩子的姓名，而我们也借此机会传递观念，即每天都是学习的新一天。我们的目标就是改变，把多数学校视为常规的工作改变为领导的形式，并且定下基调。

"我知道这是小事一桩，可是当校长加德纳先生就站在外面，打开车门，说声早上好，我好高兴，我们感觉很安全。"孩子的妈妈丽莎·吉尔如是说。

> 同样，教师、勤杂工、公交车司机和他人也需要听见鼓励之词，每天来自校长和副校长的"早上好，我们期待您"的话语，就是认可他们教育学生的工作，认可他们是一支弥足珍贵的团队。

贾森·加德纳，东穆尔斯维尔中等学校校长，为了了解学生并与他们互动，投入大量精力和行动。当我和他穿行校园，一个又一个教室的学生邀请他过去，并参观他们的工作或者成果。他与学生的个人联系如此密切，令人感动至深。

几年以前，我们访问校园并参观教室的时候，我记得鲜有学生与校长互动。我与他分享观念，那就是他需要多多和学生相处。在最近的访问里，我看到他听取了我的建议。当我们穿行校园时，成群的孩子评论他，拥抱他，问候他。

使用数据

为了达到我们的绩效目标，使用生长性数据时，我们依靠校长的领导，并和教师领导人不断调整教学重点，最大化使用数字资源。我们期待校长发展教师领导人以支持这项工作，和教师反复审核数据并调整教学，以便满足学生的需要。调整教学的连续工作——经由教师、部门和学生——对学校的成功至关重要，而

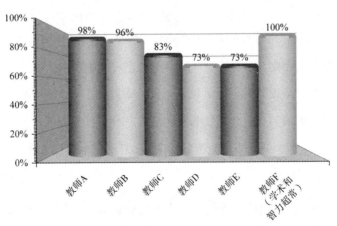

穆尔斯维尔学区季度数学成绩，来自四年级教师

且充分利用数字转换新方案的数字资源。

穆尔斯维尔中学校长，卡里·塔尔波特博士，尤其关注与学校部门领导人一起分析数据。通过她的领导力，教师文化得以改变，原先是"我们做该做的事"，现在是"我们是教师领导人，我们将生长性数据视为学生成就的重要构成，我们愿意努力领导他人"。态度的变化对教学的影响不可估量。

定调关爱

为了创设教与学的适宜情境，我们的校长每天四处走动，在忙碌中鼓励、认可和指导学校教师。当我和他们访问学校时，穿行教室之间，他们通常能对每一位老师做出评价。大多数时候，他们认可教师的特别努力和课堂创建。

领导力行动

关爱行动

在一次信息会议中，迪伊·吉布斯校长告诉我们："我们的教师应关注需要额外鼓励的学生。我和他们在小团体里相处，而后让他们明白我们关爱他们，我们会和他们在一起。"

教师阿什利·埃里克森确信这种个人关注的价值。"吉布斯先生发现三位年轻人，他们不得不鼓起劲儿，假如他们想要毕业的话。"她说，"我知道，学生们会听他的，因为他们问我，他们能否赶上去。一个孩子的原生家庭很糟糕，我知道吉布斯先生鼓励了他，还送给他几件衣服。"

2013 年春天，我和校长黛比·马什访问南部小学，当我们步入海莉·约翰逊的二年级课堂时，她对我说："我希望你明白，我为海莉而骄傲。她是我们的

年级主任。她年纪很轻，不过勇于任事，展现出强大的领导力。"

我握住海莉的手，同时转述马什博士对她的评价，并祝贺她跃升到年级主任的职位。她回以微笑，而后迅速转身，帮助一个扯她袖子的小家伙。马什博士认可她的领导力以及其他人的领导力，他们每天都在推进南部小学孩子们的成就。

迪伊·吉布斯，N. F. 伍兹高新技术和艺术中心的老校长，该校也是穆尔斯维尔高中的姊妹学校，他主持我们的CTE（职业和技术教育）和米 - 韦依非传统学校项目，为工作定调：支持最努力的学生，并且让他们始终明白，有人关爱他们。

教师领导人

几乎所有穆尔斯维尔学区的访客，都会置评教师领导人——部门主任，小学和中学的年级主任——正是他们，每天和学生以及同辈共创事业。他们是同事的榜样，和同事身处一个"战壕"，鼓励并提供建议和指导。

当我们准备招聘新教师、新校长和副校长之时，他们也是面试小组的重要成员。这种模式源自丹尼尔·平克关于动机的著作《激励我们的惊人真相》。这本书指出：教师在如何达到目标、设计教学和从事专业工作等方面，都需要发出强有力的声音。而且我深信，有了他们的参与，我们能做出更好的聘任决策。

能够发声的教师领导人，勇于担责，不畏困难，因为他们知道，一切都是自己的抉择。正如罗兰·巴特在《用心学习》中强调：赋权和合作学习，对教师职业发展至关重要。

教师领导人必定愿意接受领导人角色，以便帮助同事学习和成长，同时也实现自我学习和成长。正如几年前，穆尔斯维尔高中年级主任莎伦·麦克夫斯基对我说过："我们不需要袖手旁观者。我们所有人都要全力以赴，一同工作，相互学习而后成功。"

2014年4月，我访问穆尔斯维尔中学，和校长卡里·塔尔波特出入每间教室，她不停与我交流教师、团队的工作以及工作如何运行。她告诉我，她邀请社会课教师杰夫·赖特担任一年级团队的领导人，他的确进步了，尽管起初他担忧自己没有领导能力。

领导力行动

行动中改变领导力

麦克·米克罗，穆尔斯维尔高中男篮教练，是数字转换新方案的早期应用者和领导人。米克罗教练喜爱发展篮球选手，也喜爱提高学生的数学技能，尤其是几何能力。

起初，在数字转换新方案中，教数学对很多老师都是挑战，不过麦克成功地让他们适应了改变。他向同事展示，如何用软件项目"漫画生活"的视觉元素解决数学问题，给予学生更多的案例和新方法审视数学问题。

赖特先生在数字转换新方案上的成长并非一帆风顺，不过他尽力培养技能和追求实效。塔尔波特博士期待每一位教师都能参与，而且那些需要多一点时间成长的人都没有辜负她。值得一提的是，穆尔斯维尔学区数字转换新方案和每个孩子都需要这种改变，对全体员工而言，可谓极大的挑战，它需要花费数年之久，方能构建我们如今享有的文化智慧。

我们信任教师领导人，我们对他们寄予厚望，这种信任和期待增进了他们对学生成就的贡献，也是学校和学区文化的主要构成。鲍曼和迪尔在《以灵魂领导》中描述了如下情形：

信任他人解决问题的能力，造就高水准的动机和更佳的解决方案。

领导人的职责，就是为提高领导力而创设条件。个体需要赋予工作以意义和价值，为努力的结果负责任，并且得到让他们知晓的结果反馈。

领衔员工培训

我们的部门和年级主任，与其他教师领导人一样，计划和领衔员工培训项目，支持和鼓励新员工。每年我们都要进行职业培训，在发布日前十天，他们大量实施培训和反思分析。

每所学校的教学技术助教负责培训其他人，内容包括如何同步新的公众问责标准和评价，并且实施新数字内容的特性与功能。他们奉献才智，推进工作的方法远胜过计算机设备。

数字转换新方案要求教学法与在线内容持续推进，教师领导人为此扮演重要角色。我们安排新教师来观摩，因而他们得以亲眼见证——教师领导人如何组织教学，以便充分利用合作和数字资源。

我们发展了一批职业培训骨干教师，于学生和同事而言，他们都是良师。只有在我们学校，在穆尔斯维尔学区和美国，点击"教师专长"的丰富资源以提升其他员工的技能，才行得通。

在穆尔斯维尔学区相互学习，会引发由此及彼的兴奋感以及与时俱进的团队精神。与传统领导力的模式不同，分散式领导力创设员工之间的连接，激励他们日常与学生的工作。

领衔数据分析

在每一所穆尔斯维尔学区的学校，教师领导人逐渐熟练地运用信息，而后调整教学支持以满足学生需要。他们的领导力驱动孩子们提高成就。他们帮助分析学生的生长性数据，采用教学调整，而后指导其他同事。

在季度信息会议里，我们研究每个课程的概况，分解到学生和小组，着眼于具体的优势内容区块和需求内容区块。教师领导人主动遵循研究结果。

领导力行动

数据分析行动

最近一次信息会议里，艾希礼·艾克里森，N.F.伍兹高新技术与艺术中心商业部主任，简述如下计划：

"我们着眼于数据，确认每个需要帮助的学生，而后我们恳请家长鼓励孩子参与培训课程，课前课后均可。我们知道，一旦我们找到他们，我们就能让他们加速。我们始终全力以赴，而且我们走上正道。"

我对该校教师重视数据的态度印象深刻。他们的数据分析技巧、鼓舞人心的领导力和关爱的态度，都转化为学生的耀眼成就。2013年春季和2014年春季，12名来自该校的学生，在CTE技能大赛获得州冠军，并且挺进全国决赛。在北卡罗来纳州VoCATS评价中，N.F.伍兹也获得史上最高分，高达92%的通过率。

捍卫改变

穆尔斯维尔学区的数字转换新方案需要我们持续学习新软件，并且适应改变的教学模式。我们期待教师领导人是改变行动的胜者，专注于每位学生的能力提升。我们观察到，胜者和领导人偶尔出现在意料之外的场合。当学校接纳分散式领导力的文化，他们将获得广泛的技巧和经验，所以我们追求无处不在的领导力。

穆尔斯维尔中学英语教师宝芬妮·史密斯，帮助领导数字改变新方案的课程和方法论改变，如今她在我们的暑期联席会议担任领导工作，向来自全国各地的教育者展示：教师可以让英语更吸引学生，同时在数字化、专题化与合作的环境里做出高效工作。

罗丝安·巴克利，穆尔斯维尔中学的另一位老师，起初没有接纳改变。不过，之后罗丝安"亮灯了"。她花费数年时光，从顺应改变到接纳改变，从此之后她步步高升。如今她领衔穆尔斯维尔学区和其他地区的职业培训课程，最近赢得来自探索教育的 DENY 大奖。

布里奥娜·里弗斯和莫妮卡·帕塔翁，CTE 学生和全美家庭生涯和社区领导人生活事件策划单元大赛北卡罗来纳州冠军，与董事会主席拉里·威尔逊以及他们的导师唐娜·波音顿

领导力声音

我们的数字转化新方案于 2007 年启动，当时我已是 25 年的老教师了。毋庸讳言，我习惯了科学课本、纸和笔，这很舒服，我没想到自己要从头再来，开始一段艰辛的职业生涯，虽然这很有意义。

罗丝安·巴克利
五年级科学教师
穆尔斯维尔中等学校

2007 年，我的第一个"啊哈"时刻到来。当时我首创个人的第一个数字课程，我看见学生又一次学得兴致满满。我开始看见：他们要成长为年轻的科学家，迫不及待地研究、合作、与真实的世界相联，而且主动学习。同时，我意识到：技术提供简单工具，以便备课时能够区分和审查。感谢我从每个人身上获得的训练、支持和鼓励，我很快就跳出舒适区，实现文化转向，也即技术驱动课堂。

七年一晃即逝，我与遍及学区附近的同事，创设并分享许多数字课程和活动。每天，我持续成长并且学习新网站和项目。在课堂运用数字内容并看见学生参与成长，这其实令我激动不已。

我很感激给予我的机会，我得以进入 21 世纪，与我的学生一起，为他们的成功欣喜，而我也成为更好的老师。

计划和领衔会议

穆尔斯维尔学区的教师领导人、校长和中心办公室员工，携手参与、计划和领衔为其他学区服务的暑期联席会议，内容包括运用数字转换新方案，以及为穆尔斯维尔学区教师服务的暑期协会，内容包括运用新软件，创建合作型团队，与学生共同成长。

他们都勇于担责，为同仁和彼此共创发展性结构，提升自我的知识水准和信念。（参考附录 C 和附录 D 列举的会议议程）

中心办公室领导人

在为校长、教师、员工、家长和彼此提供长期服务之时，穆尔斯维尔学区中心办公室团队以身作则。特里·哈斯，我们的财务总监，全力帮助他人寻找解决问题的方法，在极其艰难的预算大环境下，这绝非易事。

她也展示了个人事务的领导力。她减重 50 磅，改善健康，而且主动帮助学区设计全新的在线个人健康方案。我们的数字转换新方案无所不在！

特里·哈斯，还有公众信息官泰纳·麦克林，是所有活动的策划者和领导人，无论是面对奥巴马总统的来访，还是处理暑期联席会议的膳食。总统来访之前，泰纳每天工作 14 小时，为他人示范如何迎难而上，在需要时挺身而出。

首席技术总监斯科特·史密斯，与两位教学执行董事克里斯托尔·希尔和史蒂夫·莫尼形成了工作"铁三角"。他们高度重视效率，影响教与学，并为所有员工示范关爱。克里斯托尔和史蒂夫，示范关注、能力和热情，以及保证学生学习永远优先。因为我们的中心办公室团队规模很小，核心教学领导人每天承担大量责任，同时给校长提供目标领导力。

结果就是密切的人际关系和全线联系。当斯科特·史密斯的母亲几年前意外去世之时，中心办公室管理团队几小时后赶往格林斯博罗，无私地伸出援手。

托德·布莱克，我们的运营总监，2012 年加入团队，在最近的校长会议里说道："即使我知道穆尔斯维尔学区是一个优秀的团队，每天我依然为领导力的协同作用而叹服，而深受鼓励。如今，我希望调动运营团队的每一位成员，共建协同作用，提升我们的工作。"

领导人必须关心他人。正如鲍曼和迪尔在《以灵魂领导》中所言，"领导力的核心存在于领导人的爱心"。20 年来，我作为督学亲眼见证：每一个高水准中心办公室领导人，他们卓越的领导力结合了出色的职业伦理和对他人深切的悲悯。

访客反馈

在穆尔斯维尔学区，我看见领导人齐头并进，每个人致力于普遍的共享目标和一系列可见的结果。穆尔斯维尔向我们展示了事半功倍是可行的，只要鼓励每位领导人重新发现自己：他或她为何选择成为一名专业教育者。这并不是给少数人加以重负，而是让众多热情且步调一致的领导人共同承担责任。

——兰迪·威廉
首席执行官，科诺维什

学生领导人

多年以前，我认为学生领导力体现在高中的学生会，或者学生可以承担正式领导人角色的某些团体中。然而最近几年，当我发现从幼儿园到高中乃至大学的学生都能展现领导力之后，我形成了新观点。我开始欣赏学生领导力的重要价值，即推进学习与效率。

穆尔斯维尔学区的学生每年召开暑期联席会议，就他们在数字新方案的个人体验进行展示并对话。这些年轻的领导人，从五年级到大四学生，他们的洞察力和工作模式往往令听众叹为观止。正如你所期待的，他们提供了数字学习的众多事例，包括多媒体作品和学生研究的合作结果。

新兴的合作模式

在穆尔斯维尔学区数字转换新方案中，项目制工作是我们教学机制的重中之重。我们融入学生，以便更好地引导他们的学习进程。我们鼓励各年级学生为项目而协作，分配给他们领导力任务，期待他们在领导他人时，处理并胜任工作。

梅根·麦格拉斯，东穆尔斯维尔中等学校副校长，鼓励学生在2014年度暑期联席会议上做展示

领导力行动

学生领导力行动

当时我是弗吉尼亚州亨里克郡督学，我和校长甘恩先生站在拉布耐姆小学大厅。我们看见一个五六岁的小男孩在人行道上飞奔，只穿一件T恤，尽管这是11月份的大雨天。他手里拿着一样东西，我们说不上来是何物。他冲进大厅，无视寒冷和大雨，骄傲地递给我们一个食物罐头，说道："甘恩先生，我妈妈说，我可以把豆子罐头给穷苦的孩子。"

甘恩先生表达感谢，小男孩笑容灿烂，转身回教室。"我们征集了贫苦家庭名单，威廉的家庭排在前列。"甘恩先生说道。我们站立数分钟，心知威廉刚刚为我们展示了学生领导力的佳例。

我们利用各年级的教学设计模式，学生可以相互请教新软件性能、科学和数学概念，甚至小学生在结对阅读活动中，都可以相互指导和鼓励。我们开发了一个新兴的合作学习模式，在设计过程中，不仅需要而且要充分发挥学生的领导力。

我们作为教育者，依然有很长的路要走，我们要充分意识到这种强大模式的潜能，以及不间断利用学生领导人作为教学设计的构件，然而这是一个重要的目标，我们需要在以后聚焦。

领导力声音

在一次校级改进团队会议里，我们决定成立训练小组，由"老生"带队，领导新入学区的中学生。

由于我对中学各年级都很陌生，我不太情愿和学生领导小组相处，而非辅导员领导小组，不过我们决定，要求学生自己提名，随后给20个"老生"一个挑战式的学习机会。

玛丽·罗亚尔
辅导员，穆尔斯维尔中学

我们要求他们负责60名新生，帮助新生熟悉各种应用程序的快捷方式，比如Keynote，Pages，iMovie，Angel和Mac。稍加指导之后，他们分成几个"中心"，每个中心负责不同的应用程序。

随后的周五，我们召开三个会议，期间新生可以进出教室，学习穆尔斯维尔中学苹果笔记本最常用应用程序。老生工作非常出色。他们分成小组，与新生共享微展示，提出问题，引导新生如何在教室最大化使用笔记本的讨论。我深受启发。

然而，我注意到两位女生完全游离于小组之外，孤独地坐在桌子旁，直视眼前的屏幕。我在教室外观察了她们几分钟，怀疑她们是否在做功课，或者在玩游戏。剩下的学生在讨论，在四处走动，操作笔记本以展示自己的学问。

我悄悄走到两位女生的身后，朝前面张望，所见令我十分震惊。原来她们在用 GOOGLE 翻译软件来交谈。一个女生只会说西班牙语，就用西班牙语敲出问题，另一位女生只会说英语，所以用软件将答案翻译成西班牙语。说西班牙语的女生随后返回 ESL 课堂，激动地告诉老师所有的问与答以及她所学的新知识。

这是对我们学生的致敬，拥有一点自由，他们就成就非凡，而且只需鼓励他们勇担领导人，因为他们完全值得信任。对我而言，这也是学习体验。我曾经对学生领导小组的怀疑一去不复返。

同伴教学

在穆尔斯维尔学区，我们将同伴教学和项目合作视为手段，呈现出一个关于学生学习的基本事实——那就是学生总在相互学习。从二年级开始，我们鼓励学生分享彼此的学习内容和方法。这种知识转移非常有效。

无论何种课程，AP 化学也好，二年级数学也罢，在教学设计中，我们有意将学习分享与合作当成重要手段。小组学习和同伴教学，给予学生领导他人的机会的同时，也增强他们自己的知识学习。

一个团队

在穆尔斯维尔高中，数学主任莎伦·马尔科夫斯基和同事数年之前就首创了一个概念，他们称之"一个团队"（团队效率高于个人），并将此概念推广至行政主管。他们意在组建学生领导人小组，为有可能退学的九年级同学提供同伴教学，提高他们的数学成绩，因为这些可能退学的孩子有各种学习、出勤和家庭困难。不仅如此，随后还增加暑期项目，以建构学生的领导能力。"一个团队"实施整整一年，增进了学生与员工之间的团队联系。

"一个团队"，设计帮助学生平稳度过大一阶段。有的定向学生即将升入大一，他们的数学 EVAAS（教学增值评价体系）评分低于 55% 熟练度，八年级的老师觉得他们需要额外帮助，而且他们通过学习和努力也获益匪浅。

"一个团队"的学生受邀出席六月暑期会议，首次积极体验高中夏令营。一个有组织的学习氛围贯穿 ELA（英语语言艺术）和数学学习。代数基础合并成一个课程，方便学生在第二学期学习"数学 I"。基本目标就是缩小学习差距。

"一个团队"课程

- 学习技能；
- 组织技能；
- 领导技能；
- 合作技能；
- 21 世纪技能，包括技术；
- 北卡罗来纳州高水平"数学 I"技能。

"一个团队"活动

- 团队建设／合作；
- 就业调查与社区／商业伙伴；
- 访问两年和四年制高校；
- 商务和职业演讲；
- 辅导。

AP 学生领导人

穆尔斯维尔学区高中学生领导人致力于帮助他人，增进他们的成绩和数学逻辑理解力，也就是成绩优异的学生帮助努力缩小学习差距的落后生。AP 考试在一月初结束之后，AP 微积分学生就与"数学 I"学生一起学习，以便帮助同伴在结课考试里获得高分。

AP 学生向指定的"数学 I"教师报告，后者负责安排"数学 I"学生的同伴教学。AP 学生学习适宜的提问技巧，暗示对方积极思考，以及深入理解核心观念的技术工具。在帮助课程里，他们提供一对一同伴教学，帮助"数学 I"学生学习概念和考试技巧。

教学活动的环境多变且舒适，有时在"数学 I"教室里，有时在大厅的地板上，有时在教师办公室。课程结束后，AP 学生会咨询教师，以便思考并增进他们的教学实践，满足个体需要。

显然，学生以关爱和热情建立起了密切的联系，同时全新的友情构建出个性和职业伦理。当两个数学小组的学生走到一起，持之以恒地合作完成数学周期，他们学会了很多人生功课，他们受益匪浅。正如我们在穆尔斯维尔高中所言，"蓝魔帮助蓝魔"。

后勤人员

在许多学区，大约一半员工是后勤人员——公交车司机、勤杂工、食堂工人、维修工、办事员以及技术服务人员。这个团体影响深远，因为人数众多，然而很不幸，许多学区没有认识到他们巨大的能量，所以不能充分利用每个人的力量，哪怕后勤人员可以在许多方面承担重要的角色，比如帮助学生、家庭和老师满足需求。

作家马克斯·狄普瑞、迈克尔·弗兰和罗兰·巴特强调：校园文化里，所有成员对组织化成功都至关重要；玛格丽特·惠特利提出：每一位员工都与组织的其他成员和部门共生共荣。

维修工罗杰·兰伯特修剪玫瑰

  在穆尔斯维尔学区，我们已经见证各部门后勤人员展现的卓越领导力。罗杰·兰伯特是我们的维修工，他工作勤奋刻苦，是名副其实的领导人。尽管杂活很多，罗杰和同事始终保持地板整洁。罗杰在每个校园标志的周围，都种植玫瑰花丛。当奥巴马总统访问穆尔斯维尔中学之时，标志周围尽是鲜妍夺目的鲜花。

  有些穆尔斯维尔学区的巴士司机不仅每天早晨向每个学生问好，而且认识每位学生和他们的父母。每天上学和放学，路上他们用爱陪伴孩子们。我们的食堂员工直呼孩子的名字，热情问候他们，记得他们爱吃的食物。

  我们的中心办公室员工，包括我的行政助手吉恩·米尔萨普斯，他们为所有人提供尽心尽力的服务，深知沟通和领导技能对学校的成就至关重要。每当我访问学校，我以笑容和握手表达对后勤员工的感谢之情。从前我感谢他们的辛勤劳动，如今我更多地感谢他们的领导力。

领导力行动

无处不在的领导力行动

穆尔斯维尔高中英语教师和网球教练蒂姆·史密斯，帮助创建"大学俱乐部"，以便提供社区服务。俱乐部帮助当地小学足球联盟里的自闭症孩子，俱乐部成员与孤僻的孩子结成对子。

在季末野餐里，史密斯教练讨论高中生所做的卓越工作。布拉德·甘迪，我们的勤杂工，带来烤架，为球员、教练和大学俱乐部成员烘烤热狗和汉堡。他展示了非凡的领导力，正如学生、史密斯教练以及自闭症孩子，他们勇敢坚定地尝试新事物，不断前进。

学校董事会、家长和社区

在我的职业生涯里，我和许多出色的学校董事会成员合作过。我们非常幸运，在穆尔斯维尔，学校董事会成员完全信任我们每一天的工作，赋予每个孩子以使命。他们认真担负领导人职责，示范团队工作，并且高度投入。

穆尔斯维尔学区学校董事会成员充分展示领导力，为职业培训引入早期发布日，这对我们数字转换新方案极为关键。董事会成员高度期待，他们就是为学生和全体员工叫好的"啦啦队"。

家长咨询委员会也是领导力工作的重要部分。每所学校都确认并招募8到12名家长领导，与来自乐队、体育"啦啦队"和其他团体的领导人，服务于家长咨询委员会、季度会议和其他临时会议。每次会议，我们的议事日程包括反馈与建议。家长领导人的建议包罗万象，从家长培训到选择背包，应有尽有。

　　家长和社区领导人坚决支持教学基金和其他与学校相关的事务。穆尔斯维尔教育基金和职业桥梁基金，包括许多本地商业领袖也大力支持我们学校和项目。

　　市长、警察局长和诸多当选领导人，他们关心我们的学区，提供官方的领导人支持。商会和经济发展领导人与我们密切合作且目标一致，即为社区提供机会。我相信所有的学区都会收获良多，只要家长和社区成员加强合作和培养领导人。

领导力声音

　　穆尔斯维尔社区在学制转变中获益匪浅。学区给予每个孩子同等的教育资源和工具，铺平孩子的学习之路。作为市政宽带系统的合伙人，学校为那些领取免费和折价食品家庭的孩子提供免费的网络服务。对于穆尔斯维尔的底层人群，此举堪称一大亮点。

迈尔斯·阿特金斯市长，穆尔斯维尔，北卡罗来纳州

　　此外，由于学校声誉日隆，各郡的家长纷纷迁往穆尔斯维尔，对房屋的需求随之增加，我市的房价也水涨船高。商界公认：学校在人才招聘方面发挥重要作用，学区和杰出雇主形成紧密联盟，后者也鼎力支持前者。我的办公室和市议会，是穆尔斯维尔学区的铁杆支持者。商会和商业发展委员会与穆尔斯维尔学区合作，提升学生和学校的工作效力，定位城市的经济增长和积极发展。

　　学区不仅是社区伙伴，提升我们社区的存在感，而且也是经济发动机，驱动教育旅游工业的出现。因为来自全国的上千位教育工作者，参加穆尔斯维尔学区的暑期联席会议，在本地宾馆住满一周，而且在市区度过闲暇时光。除此之外，教师、研究员以及教育行业高管，他们经常访问穆尔斯维尔，促成教育创新中心，有益于全体市民。

我的办公室与学区合作，共创一个教育卓越、创新、具有企业家精神和技术的中心，共享民族认同。我们深觉骄傲，因为美国总统、教育部部长和北卡罗来纳州州长都纷纷来访我市，认可我们学校的创新理念。

在一次暑期联席会议中，一位穆尔斯维尔的中学生向听众发言。他刚从纽约州转学，讲述了自己的领导力故事。"大家好，我是来自穆尔斯维尔中学的胡安。我将向诸位展示我的建筑设计项目。"他说道，"我做项目的时候，发现了很多关于自我和其他重要的事情。首先，我发现我热爱建筑设计，而且我擅长设计。"他用投影展现自己笔记本上的 3D 设计，令人印象深刻。

"去年我退学了。"他继续说道，"因为我的家人四处奔波，我落后一年，麻烦很多。可是校长和我的辅导员来找我和我妈妈，他们说我不必退学。就这样，我明年将会去穆尔斯维尔高中，我等不及选课了。我懂得了'你必须相信自己'，而且有校长、辅导员和老师们关心你，这真是太好了。谢谢大家。"掌声持续良久，直到年轻的领导人回到座位。

思考题：

1. 你如何在所有的领导中发展共享愿景？

2. 你在学区中如何主动致力于定调？

3. 你认可来自后勤人员的领导力贡献吗？

4. 你有什么非传统的方式鼓励学生成为领导人？

5. 在教室之外，你的教师能获得领导人机遇吗？

第三章　领导人与目标同步

> "领导人与学校或地区的目标同步，对成功的创新
> 影响深远。"

来访穆尔斯维尔学区的客人，经常提到所有人进度相同。2014 年，我参加冬季信息会议，在教学改革策略的相关讨论中，我见证了这种同步。每所学校的教师领导人，讲述团队如何共事，审查生长性数据，以及他们做何计划来使用数据，以便课堂练习满足学生个人和集体的需要。

"我们深知：我们需要关注何处，以及在何处调整干预。"穆尔斯维尔中学数学部主任，穆林·菲茨西蒙斯如是说，"新标准（北卡罗来纳州立共同核心标准和评价）很难，需要花时间适应，不过我们始终在一起，我们会做好工作的。"

领导人与学校或地区的目标同步，对成功的创新影响深远。与学校同步，非常类似于汽车同步，也就是排齐而行。如果汽车失序，你能感觉到，甚而有时能看到，然而当汽车同步的时候，行驶将非常顺利。

教学者通常从课程角度思考同步，不过在穆尔斯维尔学区，我们赋予同步更宽广的意义。虽然课程同步是必要的，我们也致力于多领域的同步，例如领导力发展、职业培训、资源配置以及目标交流。这是一个复杂的任务，然而我们工作的每一天，就是为了培育协同能力和改进整个系统的教与学。

同步工作在进行

穆尔斯维尔学区领导人与目标高度同步，这绝非一日之功，往往需要数年时间。与此同时，校长、副校长、教师领导人和中心办公室领导人，高度参与不断演进的讨论，聚焦于每一位学生的成就。

这个工作没有尽头，需要持续关注，这是每个人每一天的工作。在穆尔斯维尔学区。每个人都辛勤工作，将领导力水平和共同的目标同步——我们的目标关涉每个孩子的每一天——所以，我们有条不紊地将一切事务与重要目标相联。

当每个人都为同步承担责任之时，每个人都有力量为自己和他人绘制路径。因为我们的领导人在成长，他们日渐意识到同步的重要性和力量所在，他们自己的同步技能也随之成长。数年之后，我们已经培育实践同步策略的文化，每天都影响着教师和学生。

领导力行动

教师同步在行动

2013年秋季，岩石河小学举办信息会议，一位三年级的教师抓住机会，将工作与目标加紧同步。在学生成就上，她比同事落后，所以，在这次会议上，她与众人讨论情况，并向他们学习课堂实践。她观察同事的行动，增进自己对小群体和个体学生指导的关注。

她将自身和学生与其他班级同步，在接下来的数周里持续推进工作。九个星期之后，冬季信息会议召开，她和学生们已然超越了其他班级，她成了年级的领头羊。

穆尔斯维尔学区实践同步策略

● 团队和个人的工作与数字转换同步；

● 教师在课程、内容区块和年级组等方面的工作，与教材和标准同步；

● 全体员工的工作与学生数据和学生不断行进的学习成就同步；

● 通过鼓励和认可个人及团体合作的努力，教师将学生作业与目标同步；

● 年级组和部门会议聚焦同步；

● 导师指导新员工关注所有方面的同步；

● 我们的年度会议庆典，在学校开学之前，鼓励员工、学生、家庭和社区同步。

数年之后，我们认为：我们必须处理若干棘手的难题，以便将计划和每个孩子每天的目标同步。我们要看到非裔学生居高不下的辍学率，不同群体的毕业率，所以我们需要树立社区的信心。我们从数据透明开始起步，努力树立每个孩子的信心。

学生领导人贝基·贝鲁克帮助园景小学三年级的学生合作学习

这需要数年时光。时至今日，我们的文化完全同步于对所有孩子的信心，完全同步于合作学习的共享承诺，而且我们坚信结果将不言而喻。

领导力声音

特殊学生需求与目标同步

担任穆尔斯维尔学区特殊儿童（EC）服务总监的最初几个月，我观察教师，并倾听他们关注的话题，比如如何尽力合作以增加学生参与度，为有学习障碍的学生消除成绩鸿沟，以及实现每个孩子每天的目标。与此同时，我与家长合作，了解他们的需求，并增进与校长、副校长和中心办公室员工的联系，后者支持了我们数个关于领导力技能的书籍研习小组。

桑迪·阿尔伯特
特殊儿童服务总监，
穆尔斯维尔学区

2012年秋季，我组建了核心领导力团队，包括一位评估专员、一位心理学家、一位行为专家和来自每所学校的一位首席特殊儿童教师。第一年，我们团队每月碰头，目标是在首席儿童教师群体中培育一个共享愿景可以转化为独特的学校文化。在特殊儿童教师员工里分散领导力，对校园文化至关重要，对学生也有积极的成效。

借用迈克尔·弗兰所著的《改变的六个秘密》中改变文化的观念，我们着手创建特殊儿童部门的合作文化。第一步就是在特殊儿童员工中创建信任感和团队承诺，即使特殊儿童教师分散在七所学校。

我们彼此交流观念，即"我们每个人需要什么才能成功"，而后我们携手前进，满足所有相关人员的需要，尤其是学生的需要。我们每月的特殊儿童家长咨询组会议愈加合作化，家长帮助培育我们的改善绩效计划（CIPP）。

2013 年，我们的团队增加了另一所学校的一位心理学家和一位职业转换顾问，他们帮助有学习障碍的学生改进了学习过程和转换服务。我们也将重心转为改进学术和社会结果。

每位特殊儿童教师在学校和地区层面接受专业培训，包括由我们核心领导力团队运作的每月两次会议。议题包括合规指标、申请资格、自足式课堂技术以及采纳可用资源与普通班的教师通力合作。获得校长准许后，我们在正常的发布日期间设立附加合作时间，以便自足式教师会见并创建课堂计划，书写 IEP（个别化教育计划），解读延伸的课堂目标。

我也面见了行政区的其他特殊儿童总监，为评估专员创建合作团队，目前由我们穆尔斯维尔学区的评估专家领衔。团队确保我们行政区的所有学校与最佳实践和测试标准保持一致。

2014 年，我们增加了一名学前协调员，变更了会议议程，其中包括更多的专业培训会议。我参加了几场会议支持我们的核心领导人，确保专业培训和我们的计划同步，支持特殊儿童领导力团队和特殊儿童教师之间的日常合作。我每月和校长以及中心办公室员工会面，为地区和学校层面的目标携手而行。

高度一致

我们的文化同步有助于创设一个现象，我称之为"高度一致"，此现象也获得正式领导力建设项目的支持。当教师与员工受到激励，将工作与我们的任务和目标长期同步，教与学就会成就斐然。

穆尔斯维尔高中教学技术助教艾普丽尔·达瓦拉，与 N. F. 伍兹高新技术与艺术中心医学教师玛丽·基德韦尔合作

　　我们经常思考计划和过程的一致，然而还有另外一种一致——这种一致，源自成长和相互信任——此举将提升我们穆尔斯维尔学区的成就。虽然培养个人能力和团队的"忍耐度"并非易事，然而与日常工作和工作伦理保持一致，正是学校成功的核心。

　　所有领导人的持续关注不可或缺，这足以战胜疲累、单调和糟糕的日子，以及创设"今天是学习的好日子"的情绪，而好情绪会促进目标同步。这是巨大的回报。当它转换为学生和员工的成就之时，"一致"就会远离乏味。

　　"高度一致"增加我们方向正确的努力，同时支持必需的日常训练，以便制定全新的教与学设计要素，而且将全新的创意与策略路线贯彻于学生和员工的日常工作。

　　我相信，"一致"与"优质"将会结伴而行，我们的工作要确保学生接受来自教师始终如一的高质量关注和指导。在暑期联席会议，我们为其他地区提供培训，参与者总会提到我们教师的关注和热情似火。

访客反馈

我没有见过一个学生掉队，而且我在好几个学校待过。我与很多学生交谈，他们都知道他们在做什么，以及他们为何而做。我没有见过什么鬼把戏，唯有始终如一投入热情的学生和教师，他们携手并进并且享受其中。

——斯蒂夫·乔尔博士

督学，林肯公立学校，内布拉斯加州

"高度一致"超越了我们的教学员工，延伸至我们全部的后勤团队。我们的维修和勤杂团队也在持续争取改进，每当访客讨论他们显著的领导力气质和所有设备的干净程度之时，我为此骄傲不已。

与此相似，我们的中心办公室仅有9名员工，他们应付各种情况，胜任各种工作。此外，他们承担大量的职责，包括处理工资表、人力资源、财务、采购以及前台工作，团队成员技高一筹，将工作和目标持续同步。

实习副校长艾丽西亚·戴维斯与财务和人力资源助理托里·阿蒙审核文件

他们帮助运作了穆尔斯维尔高尔夫对抗赛教育基金，问候和指导访客，支持暑期联席会议，协助加强笔记本电脑的运用，准备餐饮和茶点，协助PTO会议，参与多如牛毛的工作——而他们的态度始终积极乐观。他们是领导人力量，积极影响每个人的每一天。

来自亨里克郡的同步经验

2002年，我在弗吉尼亚州亨里克郡工作的时候，我们使用了2600台笔记本电脑。我牢记：持久的工作就是保持同步和关注，并且将同步与责任相交织。与此同时，比尔·帕克，他后来加入了穆尔斯维尔学区，担任中学的执行董事，出任亨里克高中校长，亨里克高中是该地区唯一一所并未完全达标的高中。

学校受困于学生的期待值低和缺少关注。教师很有才干，然而他们无法以团队身份工作，他们的做法好像他们不相信学生能学业优异。在多个学科和各年级，学生的成绩乏善可陈。

我给比尔的目标就是改进学习氛围，包括使用教学技术，并且全面达标。显然，创建集体能力对实现这些目标至关重要。我们决定，聚焦于所有人的方向一致，创建一个合作与信任的团队——也就是说，信任与行动同步。

愿景

比尔确定我们需要一个清晰的愿景，也即关于我们对亨里克高中期待的愿景，因为这个愿景与各种目的必须符合实际，尤其在同步工作开展之前。关键的是，给予学生和员工一幅想象之图，也即作为学校大家庭的一员他们所期待的成就。他们需要一个名誉以维护，需要一个靶子以击中——此目的同步于他们的努力。

所以，比尔的团队发布学校各项任务，以及在每个教室张贴撑杆跳运动员飞跃障碍的图片。此目标在所有会议中讨论多次——全体员工、领导人、学生代表、商业合伙人以及PTAs——用来聚焦决策和行动。

集体才干和分散式领导力

一开始比尔就明白：他必须强化校园的领导力团队，获取忠诚的教师领导人的才能和力量。有些教师渴望发挥更高水准的领导力，准备承担更重要的学校范围的职责。

比尔仔细观察部门主任，在某些情况下，决定设立联合主任以共同承担责任。他也增加数个行政助手的职位——任职的教师承担一些行政任务。比尔和他的团队调查学校委员会的领导力，做了一些调整，而后成立新的委员会以应对建设水准的需求。他创设一个环境，这种环境扩大了教师的参与度和合作度，也增进了教育产出。

比尔深知：没有团队前进，没有将学校工作推向正轨的集体承诺，成功就是空谈。他深知：机不可失，时不再来，创造兴奋情绪和强化合作事不宜迟。为了学校更好的未来，每个人都誓言努力，而且每个人都理解学校改革是基于对同步目标的共同理解。

交流

领导力团队增进了校园交流。有效交流必不可少，因为学生的需求只多不少。交流很重要，包括方方面面，比如建立联系、推进学校的目的以及对员工表达"我们有责任帮助每一位孩子成功"的观念。

比尔和他的团队希望明确一点：与目标同步是所有行动的目的，与学生能力、背景、家庭收入无关，我们致力于展现我们对学生的高期待和尊重。

谈话与指导

与副校长和员工不断交流对学生学习的责任，这是领导力同步行动的重要构成部分。在职业成长计划中，组织目标扮演关键角色，因为每个人都需要理解何谓期待，以及他们如何对学校的成功有益。每个人的工作都与学生成就密切相关。

比尔必须也愿意安排艰难的谈话，着手成长与同步进程。深思熟虑和目标明确的谈话创设好的氛围，有利于职业成长和意义重大的行动。不定期的真实反馈和"微评价"创建动力，支持教学核心，因为每个人都需要全然了解她或他的表现，以及鼓励和对自身改进的建议。

比尔在亨里克高中运用的建构方式，也即创立紧密的同步，始终将所有人和所有的行动与每个孩子每天的目标联接，其实在穆尔斯维尔学区，我们也原封不动地运用了其中的大部分方式。领导人坚持为教师、学生和员工提供方向和关怀，支持我们所寻求的同步，当我们追随愿景的时候，为集体才干和分散式领导创造机会，改进谈话内容。

领导力声音

在亨里克高中，我们聚焦于同步和责任，以改进教与学和追求全面达标的目标。各部门确立改进计划，此计划就是通往教学成功的指南。改进计划包括课程、可用资源、有效评估、合作以及教学干预——所有这些都与目标同步。副校长提供领导力，确保计划深思熟虑、包容宽广和得到各部门所有人的支持。

我们要求各部门确立对学生成就的高度关注，运用独特策略以推进工作。我们希望这些计划表述清晰，而且表达一种紧迫感和共同的责任感。有时候，计划会被打回，需要进一步改进，这种反馈就是进步，令学生成就的蓝图更上一层楼。

　　教与学的真正工作在课堂发生，所以领导力团队有责任帮助教师在教学过程中高效运用教学法。行政团队和部门主任增加可见度、支持和干预，帮助改进学生的学习质量。

　　我们深知，我们唯有通过员工不断发展、大胆交流和真诚反馈以及始终关注结果，方能有所成就。我们必须将课堂计划与国家标准同步，根据学生需要进行多样化教学，结合教学技术，监测评价结果并进行干预。

比尔·帕克
弗吉尼亚州教育部顾问；
前穆尔斯维尔学区中学执行董事；弗吉尼亚州亨里克高中前校长

　　我可以骄傲地说，两年之后我们获得了全面达标。当我得知消息之后，第一时间电告爱德华兹博士。他立刻驱车而来，对全校做出特别声明。学生、教师和员工冲向人行道，欣喜若狂，欢呼雀跃。此情此景令我想起赢得了州冠军，没有最好，只有更好。

　　穆尔斯维尔学区学校董事会成员一直与数据并行且加速，我们同步改进所有孩子成效的目标。最近一次学校董事会上，每一位校长概述了他或她的改进计划，谈及他们对相关策略的信念，这些策略旨在引导改进学生成就的工作。

　　提交计划之后，学校董事会成员苏珊·威尔逊站起身，恳请全体教师为我们校长的出色工作而鼓掌。当她起身鼓掌之时，其他学校董事会成员也起身鼓掌。每个人都见证文化同步的典范以及我们领导人的呕心沥血。

思考题:

1. 你会主动将一切工作与你的主要目标同步吗?

2. 什么样的实践策略始终助长你与目标同步?

3. 你对特殊教育员工用何种方式将工作与目标同步?

4. 你如何强化一致的重要性?

5. 你如何帮助员工持续成长和相信彼此?

第四章 共享领导力的文化条件

> "领导人团结于共同文化，最终影响学生成就。"

穆尔斯维尔高中教师帕萨雷利女士准备休产假，可是没有熟练的或认证的教师顶替她的工作。校长麦克·罗亚尔联系了乔·纽曼，他是我们的校友，刚从范德比尔特大学毕业，准备攻读研究生。"乔是天生的领导人。"麦克对我说，"几年前，我率队参加北卡罗来纳州田径和越野冠军总决赛，他是队长。他能在这儿待上几星期，可以大显身手。"

我们走进纽曼先生办公室的时候，学生们专注于一项任务，纽曼先生的举止好似巡回教育指挥，与教室里的学生并无二致。我与他握手，感谢他挺身而出。我们离开教室之后，麦克谈及学生成绩在第三季度评价结果提高了，虽然代课老师年纪轻轻。"帕萨雷利女士一直在批改论文，经常与纽曼保持联系，所以我们的工作不会掉链子。"他说。

当正确的文化条件各就各位，学校和地区就能创建各层级领导人，包括教师、学生、行政人员、家长、员工和社区成员。这种联系是共生的。正如文化对创建领导人至关重要，领导人对创建文化的作用也不可估量——领导人团结于共同文化，最终影响学生成就。

然而，领导力不是终点或者短期目标。它需要持久的努力和关注，偶尔我们会看见游戏中的后来者也能有最甜美的结局。2014 年 11 月，在 N. F. 伍兹创新技术与艺术中心的数据会议上，教师领导人和部门主任达伦·布里奇斯告诉我们，他为我们的教师托米·切斯特而骄傲。托米很迟才加入数字转换，不过在教学技术助教的帮助下，他很快上路，每周都尝试新事物。有时候迟来的收获弥足珍贵。

灵活和适应

鉴于我们的数字转换速度快和变化多，穆尔斯维尔学区的领导人必须反应灵活和敏捷。如果紧急情况发生，我们急于寻找代课老师，或者老教师退休，我们需要新的领导人，我们的领导力文化就能快速反应并且提供"立即可用"的人选。随着数字转换的成长，我们深谙灵活和适应不是锦上添花，而是不可或缺。

访客反馈

在我们的数字复兴之途，我们效仿穆尔斯维尔学区的数字转换，必须运行开放领域。我们跑步适应，随着演出进行而即兴创作，期待我们的团队也能适应。

——阿兰·李博士

督学，鲍德温郡，亚拉巴马州

创建文化并不容易，教师要乐于接受在年级和团队之间行动，不过我们用人机制的核心就是弹性的专业布置。我们的校长，始终寻找新方法组合教师团队，以满足学生需求。除此之外，当意外发生之时，教师学会安然处之——此举并非易事——学生教会老师如何调试软件，总是在反复调整行动。

> ### 领导力行动
>
> #### 适应在行动
>
> 我们一位优秀的老校长罗宾·弥尔顿，要求担任副校长，因为她想和"家人"多待在一起，我们安排有两年校长经验的恰克·拉·罗素接任，后者与博学且经验丰富的领导人共事，受益匪浅。
>
> 在岩石河小学，两人工作出色。我们灵活的领导力在各方面产生积极的影响，助力领导人，也帮助学校到达新的成就水准。恰克如是说："每天罗宾都在我左右，她的经验和信心始终在专业上激励我，助我更上一层楼。"

全地区的众多团队和部门效仿灵活和敏捷的领导力。我们的维修部门成员，总是在回应各种需求变动，比如与设备相关的，与天气相关的，与使用相关的，而且他们为自己的及时反应和海量工作而骄傲。校长和教师把他们当成团队重要成员，尊重并认可他们的工作。

我们技术团队有八名成员，包括我们的技术总监斯科特·史密斯，总是忙忙碌碌，领导各种维修工作，包括基础设施、硬件和超过 6000 台电脑和无线网络的系统设置。他们提供流动适应力的典范，改变我们所有人的学习环境。

仁爱和认可

当领导人怀以仁爱之心与他人交往之时，他们言谈举止友好、谦和与恭敬，待人如待己。我长久地思考，鼓励学生与员工仁爱之心的学校文化，在很多方面大有裨益。

仁爱确立个体价值，哪怕他们低于预期，只要殷勤地给予鼓励和指导，效果都会极其惊人。仁爱不仅是正确的行动，而且有良好的结果。一点额外的认可，能够激励所有人的行动。

领导人有责任服务他人，当他们饱含对他人的敬意并感到荣耀之时，他们的领导如风行水上。我们的领导人都在助长仁爱之心，领导力也随之成长，而且我们在一个相互支持的环境中工作。领导人永远要感谢老师、同事和学生，创建"领导力礼仪"文化，散播于校园。

园景小学一年级教师贝弗利·斯图尔特认可学生努力

虽然我们执着于创新，然而我们也理解并接纳领导力发展的传统因素。我母亲告诉我，礼仪打开成功的大门。她是对的。一份简单的致谢，你就能收获巨大的回报。我以为，优秀的领导人让众人明白，他们始终关爱对方。谦恭、尊重以及礼貌，犹如根根丝线，编入学校的社会结构。任何人，身处领导人的位置，展现这些品质尤为重要。

领导力声音

仁爱在行动

当我们领导力团队读到汤姆·恰瑞拉发表于《绅士》的文章《如何仁爱以及为何仁爱》之时，我们思考这篇文章对我们的意义。莱诺·史密斯，园景小学的副校长，做如下评论："仁爱看似简单，做起来难。我们不能将礼貌误以为仁爱。礼貌是规则，规则当然有用。不过，仁爱反映一种状态。如果我们真的关爱我们的孩子，我们就会关爱他人。如果我们想要学生有仁爱之心，我们必须有仁爱之心。"

当我们要求教师进步，工作与目标同步，优化学生成就，我们必须用鼓励的言辞和培育的态度认可他们的进步。无论何时，只要穆尔斯维尔学区领导人看见好人好事，就会感谢和认可教师和员工，从而创造动力。

比如，我喜欢走访教室，当着校长之面，赞美学生和教师。我们的校长、中心办公室领导人，还有其他人都如法炮制，创造永远的"是的，我们能行"的氛围，只为支持方向正确的行动。

我每年走访每个穆尔斯维尔学区班级，次数不定，时间不定，随同校长与副校长，评点教师独特的贡献，以及让他们明了我们的感激之情，因为我们的团队拥有他们。他们通常告诉我，他们喜爱这种认可和来自同行的关注。

这项工作，貌似单调或者敷衍，实则必不可少，且效果惊人，尤其是集中精力去行动的时候。当着学生的面，感谢教师和关注他们课堂的重点，这不是可有可无的行为。以我当督学二十年的经验，我才渐渐明了认可是何等重要，因为它推动学校前进。

领导力声音

马克·科顿
校长，园景小学

我在园景小学当副校长的时候，积累了三年的经验，我习惯单调而必要的管理工作，比如纪律、交通和资源管理，这些对学校运转非常必要。然而，我不熟悉转变的领导力可以让学校更上一层楼。

克里斯托尔·希尔当时是校长，以她仁爱的领导力和不懈的鼓励，负责挖掘我潜在的领导力。为了增进我领导他人的能力，她鼓励我攻读教育领导学博士学位，并且在我们学校创设若干新方案。

希尔博士赞许我的潜力，其实那时我只看见我眼前的事务。她让我站在她身边，几乎参与了学校里所有的决策，培育我个人的成长。在她的影响之下，当我的领导力技巧与日俱增，我的目标也从个人视角转移到学校和地区，我开始规划我们学校的学生成就达到最高水准。

当希尔博士升职之后，我申请校长职务。我心中有激情，行动有力量，只为让学校更上一层楼，而且我为面谈准备了一份100天的计划，目标是推动园景小学成为北卡罗来纳州卓越学校。

影响学生

许多访客提及穆尔斯维尔学区学生的仁爱之心。我认为，学生的彬彬有礼反映了他们在学校里被成人以礼相待。最近我走访东穆尔斯维尔中等学校，询问几位四年级学生他们的新老师言行如何。"她很棒。她喜欢我们，我们也喜欢她。"一个姑娘回答。"你怎么知道她喜欢你们？"我问道。"因为她总是这么说。"一个男孩自告奋勇说道。

穆尔斯维尔学区的学生置身于几个团队和文化建设行动，这些行动塑造了我们对待彼此的方式。其中有两个项目，穆尔斯维尔高中和穆尔斯维尔中学的"抓住孩子的心"，其他穆尔斯维尔学区学校的"PBIS（积极行为干预系统）"，聚焦于创造相互尊重和关爱的课堂文化。两个项目帮助学生共同创建多元文化以及在合作的环境里享受学习。我们严肃对待这项工作，并投入时间和精力。

访 客 反 馈

你们的学生如此谦恭有礼，如此乐意并能够解释他们的所作所为。

——凯文·辛格博士

执行董事，中央萨斯奎哈纳河中间单元，宾夕法尼亚州

影响职业道德

穆尔斯维尔学区员工努力工作以回报仁爱的领导力。沟通的正向流动给予每个人坚韧和执着的力量，增进他们的成就与幸福。我们希望为学生示范奉献与勤勉。我们努力工作，我们也期待他们努力工作。

访 客 反 馈

我和你们的教师讨论课后指导。你们拥有这个星球工作最卖力的老师。

——拉里·科尔伯恩

总裁，梅根基金会

我们的教师提供的帮助，远远超过学生的需求。我们的校长每天都在课堂，保持对工作的持久关注。我们的勤杂工谨慎地保持教室整洁，我们的后勤员工忙忙碌碌。我们的校车司机、食堂员工、儿童营养师、办公室员工，穆尔斯维尔学

区的所有员工被期待每天努力工作，他们的确如此。

与目标和培育同步，这让我们所有人为彼此负责。当我们为他人示范工作和专注学习目标之时，他人也得知他或她在我们的成就中有一席之地。每个人都和他或她的同事，分享和祝贺我们的成功。

领导力行动

奉献在行动

八月的一天，我离开笔记本电脑使用区，快步返回办公室开会。我看见两个人，穆尔斯维尔高中勤杂工负责人麦尔登·约翰逊，还有穆尔斯维尔高中勤杂工和男篮助理教练拿破仑·洛厄里，他们俩将一大堆杂物，从附属建筑拖到主校区。我走过去的时候，天气湿热，好像一块又热又湿的毛毯。

麦尔登告诉我，他担心下周能否把一切事安排好，因为他计划帮助新教师搬家和安排房间。"拿破仑来了。"他说，"他说他周六过来，把事情安排好，我就跟他说，我也来这里找他。一小时后，肯尼思和提姆跟我说了同一件事情。我甚至都没开口，他们就明白了。"我感谢麦尔登的领导力，而后告知他和他的团队为我们的学生做出的深远改变。

团队精神

领导人改进学校的重中之重就是构建跨组织的团队精神。很不幸，许多学校的改革乏善可陈，只因缺少关注团队精神和人的因素。他们的努力通常聚焦于硬件和技术架构，甚至在职业培训中也不注重关注人员结构，即使这对成功影响深远。

人的力量

在穆尔斯维尔学区，我们学会使用数字资源以及新的教学体系。我们也关注构建团队精神。虽然许多因素有利于我们进步，不过最重要的成功因素就是从第一天开始的人的力量。这份力量来源于我们分散式领导力理念，这个理念引导更多的人将精力、时间和智力以及心灵投入我们的目标。

岩石河小学一年级教师希拉里·米勒与园景小学的弗兰克·萨拉克合作

访客反馈

与穆尔斯维尔合作的过程中，我有机会耳闻穆尔斯维尔学区所有人的愿景。这件事最触动我的就是：每个人总是分享同一个故事，体现同一份热情，分享服务学生的同一个理念。

——比尔·古德温

首席执行官，探索教育频道

因为我们是一个团队，我们坚信我们都有责任帮助彼此成长，在工作中有所成就，从每一位学生到每一位教师，再到每一位校车司机。当学区投入人力资源，拓宽影响范围，促使组织前进的推力就会聚集力量。一艘五人合力划桨的小船，远比一艘十人各自乱划的船只行驶快速。

在《领导力与新科学》一书中，玛格丽特·惠特利描述团队精神的理念以及"场力"，以及它们的发展贯穿组织或文化的始终：

"场（精神）创造，不仅是高级管理人的工作。每一位雇员都能有所贡献。我们需要严肃对待场创造，因为场定义我们的语言。"

领导力行动

团队精神在行动

在我们年度职业课程学习（OCS）冬季发布会上，团队精神始终如一地体现于兹。来自 N.F. 伍兹高新技术与艺术中心的学生克服了许多困难，提交的多媒休报告令我们印象深刻。我们认可他们的领导力和成就。

在 2012 年度职业课程学习冬季发布会，穆尔斯维尔高中校长麦克·罗亚尔祝贺三位职业课程学习学生展现卓越的团队精神，他们鼓励和帮助他人，尤其是新生。所有职业课程学习的学生接受观众席同伴的热烈掌声，观众觉得自己就是学校大家庭的成员，他们分享彼此的成功，支持他人的奋斗。

团队精神举足轻重，对学校创新、学校各方面工作、学生和教师成就，都很重要。主导的团队精神触摸心灵，也包容如家社区里的个人，这终会加固和增

强我们在穆尔斯维尔学区的事业。这种社团努力的精神给予教师合作以应付挑战，并且构建他们的领导、学习、解决问题的能力，还有共享成功和共担责任。

共享提升

我坚信，如果有人提升了，团队中的其他成员也有可能会被提升。如果教师和员工合作，改进学区的学生成就，动力突然而来，学生和员工的成就水准也会水涨船高。

当大家合力工作，当教师和学生提高数字转换新方案领域的技能，努力的力量就能与提升不期而遇，这种提升就是教师和学生的成长，就是他们随时间流逝而获得成功。接着，好事情接踵而来。我们见证了学生成就，学术成果和毕业率始终名列前茅。

领导力行动

共享提升在行动

数年过去了，穆尔斯维尔高中每位科学部成员都发展他或她在某个内容区域的技能。如今，团队从战略上关注如何最大化产出，并制订战术计划，也即教师穿行于每位教师的课堂，根据个体教学能力提高教法。这种巡回式教育战略获得了创纪录的结果。

在最近召开的第三季度数据会议上，科学部主任斯科特·布鲁顿，告诉我们他和他的团队努力研究如何帮助学生适应严密的新测试："如果我们持续共享彼此的小成就，而且运用彼此的能力，我们就会取得进步。我们的协同工作从未如此优秀，我们对此很肯定。"

因为我们的合作方式，我们仅用了数年时间就创建我们的文化和取得了丰硕的成果，并将其推向高峰。我们不断改进，我们加速进程，在我们可行的时间和可行的地点，及早并采取行动。我们拾级而上，我们保持前进，共享提升的动力妙不可言。

领导力声音

在穆尔斯维尔学区，担当领导人的心态改变了，从上而下的信息转为合作式信息。以前，如果我需要做好某件事，只要发号施令就行了。如今，我们以小组来工作，拥有共享愿景，也即我们需要前往何处以及我们需要攻克的难关。这种合作模式迫使教师，尤其是青年教师，认真思考我们如何改进。

艾伦·史蒂文斯
科学部主任，穆尔斯维尔中学

我们相互讨论正在做的工作、未做的工作以及我们如何行动才能让事情变好。新教师把新想法和技术带到台面上，以前他们会秘而不宣，因为他们不相信有人会聆听。在合作模式下，他们自由地分享观念，同时更多有经验的教师也有所贡献。

我们学校有两位年轻教师，贾斯汀·詹姆斯和考特妮·克拉克，影响了很多有经验的老教师，激励老手更新他们对创新、合作与成就的承诺。结果就是改进学业成绩，形成鲜明的"我能行"的工作态度。

我的关注点也转移了，起初对数据分享紧张不安，而后把它视为增长的合作机会。在这个变化中，教师领导人学会发挥重要作用，帮助我们共同观察数据，把数据作为新方法，与我们的工作水乳交融。

在穆尔斯维尔学区的岁月里，我们从部门层次的心态转为学校范围合作的心态。如今我觉得，我有责任教会学生阅读和写作，当然不限于科学技能，所以我将英语教学融入科学，努力与英语组合作。

鼓励和指导

在穆尔斯维尔学区数字转换新方案的早期阶段，每个人都需要多多鼓励。学会用新方法教学，使用数字资源，接纳使用公开数据，这些对全地区都是巨大的改变。在每次会议上，除了检修故障，我们花费大量时间讨论项目。我们讨论不需老师插手的学生项目，还有我们的绩效步步上升，这些都让我们坚信，我们走对了路。

对有些老师而言，理解新的学习管理体系可谓挑战，不过我们始终给予他们支持，传达正面信息。"你能做到，我们一起等待花开。"每一天，同事和朋友提供对彼此的帮助和指导，逐渐增强我们的能力，以求创建才干、文化和领导力。

在教师会议、校长会议、学校董事会会议、员工野餐会，我们一起庆祝老师、学生和员工的微小进步，鼓励他们好好工作，紧跟持续的定向培养。

如今，我们的校长和副校长每天穿梭于教室，鼓励学生和教师，提供方向和接受培养。我询问南部小学三年级教师斯科特·波普尔，他如何度过在穆尔斯维尔学区的第一年，他回答："这里有家人——校长、儿童营养师、勤杂工、年级团队——他们总是对我伸以援手，提供帮助和鼓励，就好像一群母亲在身边照顾我！"

我们正式的指导项目："新教师支持项目"，从第一天开始就支持新雇员，导师全面帮助新教师，从找到绕行建筑的道路到准时完成处理难题的报告。我们为导师提供训练和研讨，以提高他们的素养。

我们正式的学生指导项目，"改变一生"，为各年级学生匹配成人导师。我们为导师提供训练、指导和理念，这些理念围绕着如何与学生建立联系，以及如何在校园内外影响他们的生活。

每年，在我们"改变一生"的庆典上，导师和学员相聚庆祝他们的合作。我总是乐于见到穆尔斯维尔警长卡尔·罗宾斯，他和学员参加高中足球赛。很多社区成员都加入其中，为我们的学生提供校界的领导力。

领导力声音

指导在行动

在我们数字化转换的早期，在地区范围推广之前，我们需要小规模试验新方案。在穆尔斯维尔高中英语部主任南希·加德纳的领导之下，英语组自愿充任"小白鼠"，第一年每个英语课堂推入小车，第二年每个学生有台电脑。

技术能力因人而异。年轻教师担纲领导，指导老教师，这会很快形成支持、感激和信任的氛围。偶尔双方的角色会逆转。两个团体开始多方合作。他们鼓励彼此的新工作，共享理念、工具、课程计划和评价。

南希·加德纳如是说："我们其实是旧人，不适应计算机，不过年轻教师自己解决了问题，还教会了我们。我们受益于年轻导师的多样化教学，他们花时间，支持有需求的我们。"

在《一处丰饶：新型教学法如何发现深度学习》中，迈克尔·弗兰和玛利亚·兰沃西描述环境与领导力需要支持新教学法，诸如数字化转换。他们坚信，文化和才干的构建必须得到鼓励和认可的支持，这也是我们穆尔斯维尔学区的信仰。

看见他人的潜能以及指导他们实现潜能，这些是领导力工作的重中之重。当我们构建他人的才干，我们也在构建自我才干。在穆尔斯维尔学区，我们千方百计地鼓励同事更上一层楼。比如，我们的校长会告诉副校长，他们会成为校长，而后鼓励他们把自己的工作视为成就领导人的机会。

当我和三位穆尔斯维尔学区领导人共事，计划穆尔斯维尔高中一个庞大的革新项目时，我鼓励他们将此经历视为一个机会，即成为督学的机会。多年以来，我很庆幸和众多非凡的领导人共事，鼓励很多人成为督学，比如以下的各位，他们中的许多人都在从事自己的数字转换：

- 罗莎·阿特金斯，夏洛茨维尔，弗吉尼亚州

- 汤姆·贝利，橡树岭，田纳西州（退休）

- 鲍比·白劳德，乔治王子郡，弗吉尼亚州

- 路维尼亚·布朗，伊萨卡，纽约州

- 达拉斯·当斯，巴尔的摩郡，马里兰州

- 比尔·海特，费拉德尔菲亚，宾夕法尼亚州

- 托尼·杰克逊，纳什洛基山，弗吉尼亚州

- 埃里克·琼斯，波瓦塔郡，弗吉尼亚州

- 戴维·迈尔斯，新肯特郡，弗吉尼亚州

- 卡特思·佩雷拉，怀特岛郡，弗吉尼亚州

小学执行董事克里斯托尔·希尔，与园景小学校长马克·科顿共事

- 爱德华·普鲁登，北卡罗来纳州

- 艾伦·斯彭斯，弗吉尼亚海滩，弗吉尼亚州

在美国学校的今天，我们面对如此多的挑战，教师和员工永远需要鼓励以及来自领导人的正向期待，以便将他们的日常工作与目标同步。一个培育式文化能提供一个基础，同时给予正向和认真的反馈，就像结构化的导向，因为它让所有团体公认：当务之急的是行动和共同目标同步。

领导力声音

鼓励他人的领导力

克里斯托尔·希尔
小学执行董事，穆尔斯维尔学区

因为在我的领导力方式中，共享领导力始终为重要因素，所以当我从其他地区返回穆尔斯维尔时，我的领导力有所增进，期待值前所未有地高，如此，我工作才有效率，我必须应对新挑战。

作为领导人，我有责任鼓励他人发现他们的才能，指导他们实现潜能。创建参与者的领导力才干，就会推动我们的集体工作。我们热爱的工作愿景与核心领导力之所以腾飞，只因我们赋予同事领导与变革的力量。

共享式领导力模式以及对卓越的全方位承诺，赋予我挖掘他人的能力，弥补我个人在某些方面的缺陷以及缺乏的经验。这种模式很重要，无论对于身为领导人的我，还是与我共事的他人。当我支持他人的成长之时，他们也看见我虚心包容不同理念与方式。

创造和革新

培育创造与革新而不是常规与僵化的领导人，在流动的穆尔斯维尔学区文化中最合时宜。我们的教师和学生永远在寻找在线内容，研究变化的数字世界并与之相联，以改进教与学。领导人不断寻找新方法以激励学生，同时也支持个人独立、相互依存和团队纪律。尝试新事物让我们永葆活力。

> **领导力行动**
>
> ### 创造在行动
>
> 当一群访客走进穆尔斯维尔中学富尔顿先生的英语课堂时，他们看见学生散布各处进行团队项目。一群学生坐在地板上，另一群学生在走廊工作。学生们绕行教室，相互交谈，空气中洋溢着活力与交流。
>
> 因为有些访客对此不明所以，富尔顿先生解释道："这是一种有组织的混乱。这里，每个人都在工作，工作有截止时间。我们花费数年之久，才搞定它，不过我们都适应了，如今我们全都熟悉这种新文化。"
>
> 其中一位访客后来告诉我，她必须转向更富创造力的思考，才确信在非传统的课堂环境里这些学生效率更高。

当教师与学生学习解决问题时，他们也思考与认可创造。对于很多员工，需要花时间去信任学生，信任他们能做应该做的事情，以及思考他们必须如何去做，不过高水准的创造力赋予学生很多领域的成就——从拍摄与他们学习的内容相匹配的电影，到创立随时间推移而需要合作与纪律的研究项目。

我们身处新教学策略正式化的进程之中，新策略更能推进创造与效率，以及吸收我们数字化转换资源和基于项目、基于探索的原则。2014 年秋天开始，我们试行"入门项目",由此,三年级、六年级、八年级和十二年级的学生创建长期的多媒体研究项目,并提交评审团。

这种类型的工作同步于学生将被要求在未来从事的工作。马尔科姆·格拉德威尔在《门外汉:成功的故事》一书中建议:持续长时间的创造力,是个人成功的重要标志。

语言和谈话

语言至关重要,我相信我们所听到的即我们所是。上学的时候,母亲每天早晨叫醒我们兄弟:"起床了,今天是个好日子!"——这句话对我影响至深。虽然早晨我叫醒孩子们的时候,女儿们总是抱怨:"今天是学习的好日子。"我相信她们能听到这条信息。我们对彼此说的话很重要,而且我们说话的方式也重要。

在分散式领导力的模式中,语言分外重要。在穆尔斯维尔学区,我们不坐等他人或别的回答,相反,我们通过语言和谈话构建领导力才干,到处都是名副其实的领导人,他们谈论工作,他们学习,他们经历,他们帮助我们搭建"脚手架"。

我们总是在谈话。学生始终在团队合作,他们的交谈赋予彼此新的参与度以及活学活用的新能力。教师和其他员工总是在交谈,无论是正式的还是非正式的。

教师高度评价他们花时间处理策略、数据、挑战和问题的解决。他们也获益于进行中的教师与校长非正式的谈话,无论简短与否,都很重要,毫无疑问地推动他们前进。我们所有的领导人,为他人提供这种"同伴的轻语",始终鼓励合作共事,以及高学业成就。

"工作"这个词对穆尔斯维尔学区极其重要。在我们的课堂、过道、媒体中心,学生相互讨论"工作"，学生交流任务和作业的方式，有着微妙而巨大的改变。教师和其他学校领导人都在不间断地谈论"工作"，这种谈话范围广阔，从学业目标到社会化和组织化。对于我们的教育原则和共享成就，这种专业和学术的谈话，无比重要。

穆尔斯维尔学区的教师、学生、校长和其他人始终在讨论：我们如何努力以及做事的最佳方法——一种语言的学习，就包括遍及地区教室里新领导人的声音。我们使用团队的语言，在各部门、年级、员工和校长会议共担责任，在鼓励讨论和参与时聆听领导人的贡献。这就培育了一种谈话，也即我说的"反映式对话"，此举反过来通往"反映式进步"。

信任和信念

信任他人重于泰山，告诉个人与团队你信任他们，其实是传达一个强有力的信息。当学校领导人与教师和员工建立联系，相互信任不可避免，并且逐步发展。

我一直热爱圣埃克絮佩里的著作《小王子》，这是一本充满想象力的童话，讲述小王子的故事。为了教会大人，他向各种人学习。作者强调，在人群中建立信任费时良久，然而信任一旦破裂，就无法弥补。

建立信任，的确需要时间，通常源自共同解决的共同挑战。我能够与我们的校长建立信任，因为我们拥有共享信念——那就是我们能够克服挑战以及合作帮助学生成功。这种信念，我们的教师也拥有，因为我们对彼此的信任，此信念更加强大。建立信任和信念没有捷径可走。它需要时间和承诺。

我们建立了对彼此的信任，如下是其中一部分，我们在穆尔斯维尔学区共享围绕实现目标的相同信念：

共享信念

- 每一个孩子就是每一个孩子——无一例外。

- 信心对每一个孩子都会起作用的，但是来之不易。

- 工作就是一起工作，无论多么艰难，把它变成"为孩子而进步"。

- 每个人都需要表现学习的热望。

- 在异议和混乱中工作对学生的好处不言而喻。

- 每一天都不一样，我们必须抓住机会。

同情、共情和爱

在我的职业生涯里，我多次看见同情、共情和爱提升个人和组织的力量。当你喜爱和尊重的人失去他或她喜爱和尊重的人，一种自然的关爱紧随其后，而且是来自组织的，正如亲密的朋友和家人似的关爱。领导人必须示范同情、共情和爱，如此，这些价值才会遍及组织，广而散之。

我看见：遭遇不幸的同事得到他人的关爱，有时伤痛会愈合。我经常听见学生和家长说："我们爱我们的老师。"我们的团队成员也会相互倾诉："我爱你。"当学校、全体教师和学校系统致力于创建制度化的相互关爱之情，他们就是在创造最伟大的领导力和文化特质。

2013 年 6 月 6 日，天气湿热，我们聚集在穆尔斯维尔中学体育馆，不过我们无视炎热。时任总统巴拉克·奥巴马三十分钟后就到，人们的活力与兴奋触目可见。

至少一周之前，美国教育部一位工作人员给我打电话，通知我将有贵客来访。起初，我确信所谓的贵客就是教育部长阿恩·邓肯。随后我们得知部长邓肯确实会来访——随同美国总统。奥巴马总统选择来访我们学区，旨在宣布一个计划，该计划在教育宽带基金重组下为全美所有课堂拓展无线连接。众多穆尔斯维尔学区领导人与白宫工作人员合作，计划与落实总统来访。

我们听到直升机在上空的轰鸣，而后操场欢声笑语，掌声雷动。穆尔斯维尔是政治保守社区，不过对我们工作的认可已然超越政治，这里的每个人都是骄傲又合作的力量。我们都知道我们共享永远与我们同在的事物，这种认可无关乎个人而关乎团队。

我们的团队精神，经由成千上万各级领导人忘我的工作而发展，把我们带到今日，经由艰难岁月而提升，经由长久活力的工作而赋予我们力量。总统在操场结束演讲，而后接见一小群教师，他们和教育部研讨数字化转换的细节。总统认真聆听并说道："我爱这里的文化，它令人鼓舞。"

思考题：

1. 你们如何培育领导人的灵活和创造性？

2. 你的员工是否示范学生可以学习的仁爱之心？

3. 你们使用何种机制以促进学校或地区的团队精神？

4. 你们如何为学校日常生活带来爱与同情？

5. 哪些共享信念成为你们与学生工作的基石？

第五章　通往领导力的日常路径

> "教学就是领导，领导就是教学，强大的教师每天的工作就是领导。"

我在田纳西州诺克斯维尔郡逍遥岭小学读二年级的时候，准备参加学校的年度圣诞表演。当时威廉姆斯夫人指导我们三个孩子，大家一起背诵《路加福音》第二章还有开幕词。我的同伴是两个可爱的小姑娘，平时练习的时候，我其实更指望她们。

演出之夜到了，我和父母走进体育馆，当时座位空无一席，很多人站在过道。我看见威廉姆斯夫人示意我去后台。"马克，露丝的妈妈给我打电话，说露丝生病了，还有玛丽也来不了了。"她轻声对我说，当时校长伊斯特利夫人就站在我们身旁。"我觉得没有她俩，我不行。"我忐忑不安地说。

威廉姆斯夫人蹲下来，直视我的双眼。"马克，你能行。"她说。伊斯特利夫人准备拉开大幕。"马克，我们就指望你了。"她说。不知怎的，我想办法做到了，多年之后，我无数次回忆这段经历。今天我相信，这是我人生第一次被给予领导人之路。

教学是领导，领导是教学，强大的教师每天的工作就是领导。除了我们正式的领导力成长项目之外，我们始终在学校各单位培育领导力。

在数字转换新方案的开端，我们把构建领导力才干的精心设计与穆尔斯维尔学区的工作相整合。玛格丽特·惠特利提出"场力"的概念，这是努力的一部分，数年间对我们的工作产生了无与伦比的影响。根据惠特利的《领导力与新科学》一书：场力必须抵达团体的每一个角落，波及每个人，处处都可见可得。

愿景声明冲破围墙，进入过道，找到团体的每一个员工，每一处空隙。以前，我们也许把自己当成团体里熟练的设计师，组装零件，绘制盒子，绞尽脑汁地创造所有可能的纽带、动力和结构。如今，我们必须想象自己是信息之烽火台，站在我们言谈完备的高处，向四周脉冲似的输出信息。我们需要所有人都在场，提出，阐明，示范，把我们关注的信息填充四面八方。如果我们这么做，一个强大的场就诞生了。有了它，就有了一种令人惊叹的力量，把一切组合为连贯和有力的形式。

我相信，在所有的穆尔斯维尔学区学校，这种正向文化场力可感知可见证，而且是我们教师领导力无所不在的结果，以及教师重视的共享文化的结果，其实教师也是共享文化的构成。

如今，新教师感受着高期待的提升力，环绕在指导、鼓励和来自他人尊重的氛围里。老员工在挑战中成长，来自学生、父母和教师的鼓励如影随形。后勤团队被高度评价。在团队文化中工作的学生，效仿领导力的场力，并将场力带入课堂。

访客反馈

我们现在比任何时候都需要新构想，以思考领导力的类型在公立学校的必要性。我们服务于一个快速发展、高度复杂以及高度政治化的环境，从而需要组织各层级的问责与赋权。

我们专注于满足学校、员工和学生需求的自主行动，如何与全系统的愿景保持一致？分散式领导力就是我们可选的挑战。

——史蒂夫·韦伯博士

督学，温哥华公立学校，华盛顿州，创新学校联盟成员

教师的非正式领导力路径

在传统的学校领导力的模式中，教师通常局限在敷衍了事的任务里，有各种规定的限制，而且他们没有机会领导一所学校，管理一个发展中的教学设计，或者平衡一个需求问责系统。然而我相信：如今的问责工作复杂多变，唯有众多员工提升和领导之，它才有意义。

穆尔斯维尔学区教师领导力角色

- 部门和年级主任；
- 数字课程委员会成员；
- 教师和校长遴选委员会成员；
- 日历咨询委员会成员；
- 暑期协会管理人员；
- 暑期联席会议管理人员；
- 其他地区培训师；
- 教练、音乐指挥和学生团体发起人。

我们的教师在合作中成长，老教师和新教师相互学习，共同致力于一个发

79

展中的教学机制，融入以学生为中心、建构式和基于项目的课堂文化。

当教师指导和影响工作之时，他们以无数的方式学习和增加价值。他们反映的领导力实践，帮助我们选择在线内容、面谈同事、分析数据、开发日历，以及创建详细的改进计划，而这些计划得到来自合作的、基于行动经验的活跃支持。

领导力行动

教师成长在行动

六年之前，我们在和一些老师的惰性作斗争，这些老师抗拒数字转换的教学变革和新的功效需求。有些老师抗拒的时间比其他人更久，所以我们确认成长率是不同的。

卡里·塔尔波特，穆尔斯维尔中学校长，给我送来如下一张便条，就是有关这样一位教师的，帕特森先生，他起初成长的速度很慢，然而假以时日，他逐渐进步。

帕特森先生的变化不尽完美，然而从未抗拒改变。虽然他可能落后于很多人，然而他在进步。我相信：他的进步归因于他愿意寻求他人的帮助，以及来自团队的支持。同时，他学习如何将技术与选择整合，抓住孩子的心灵，使用开放的问题。今天，我告诉帕特森先生，我发自内心地喜爱他的课堂。这是我观察到的精彩之处：

•帕特森先生让学生选择，如何提交他们关于关节和骨骼系统的研究。他继续和学生从正反面讨论，每种选择所需的不同软件。

•课堂上，帕特森先生绕行研究项目的每一对学生，并且用非常自然和放松的态度与他们互动。

•有一组年轻人开小差，帕特森先生非但没有使用"大"嗓门，反而轻轻地说："我也喜欢观察这些项目，你们很棒，那么你是打算现在就动手吗？"

•我最爱的部分在最后。他要求所有的学生回到座位，而后说道："告诉我你们今天学到的乐子吧。有什么很棒的网站？有什么很棒的工具？"接着孩子们兴致勃勃地分享了！

我们长期的数据研究为横空出现的新领导人提供机会。新教师可能关注特定领域，也即每个人都想了解或分享年级或部门主任想要运用的洞见。其实，新领导人与新路径不断出现。

老师的日常领导力机会

● 审查和选择新的在线内容。

● 监管内容和过程的有效和与标准的同步。

● 为学生提供领导力，并与学生一起分析内容与评价。

● 与同事和服务供应商共享反馈。

● 运用数据来确认学生的学习。

● 指导新教师。

这些领导力的机会壮大了我们的个人与团队员工的实力。我估计：目前有超过半数的教师提供了显著的领导力，这对学生意义巨大，对地区文化影响至深。我们呼唤和依靠教师为部门和年级提供各方面的领导力。我们也祝贺新入职的员工，欢迎他们成为我们大家庭的一员，与此同时，也会立即引导他们参与领导数字转换的知识型工作。

五年级教师领导人艾米·史密斯，在教育董事会发言，介
绍她领衔的 2014 暑期强化项目

我们的教师已然形成一种强大的能力，将课程知识与数字资源结合，并且
领衔大部分穆尔斯维尔学区的培训课程。越来越多的教师被要求领衔其他地区的
员工培训，包括休斯顿独立学区、亚拉巴马州、密苏里州、佐治亚州、田纳西州
和南卡罗来纳州等地区，这些都遵循或采纳穆尔斯维尔学区模式，显著增加教师
个人领导力成长的机会。

在《学习的新文化》一书中，道格拉斯·托马斯和约翰·布朗探讨一个理念，
即"在集体工作式的文化里，学习呈指数成长"，这也是我们在日常工作中见证
的理念。

顾名思义，一个集体就是人、技能和才能的集合，集体产出大于
个体的总和。鉴于我们的宗旨，集体不仅被定义为共享意图、行动或
目标的人群，而且他们也被定义为积极的学习过程。社区的力量源自
他们创设的归属感，而集体的力量源自他们的参与。

领导力声音

从回避到领导力

我们的数字转换新方案开始之时，我非常卖力地回避成为领导人。我不想"多干活"，我当时和领导力的关系就是如此。我刚休完产假回来上班，接着要讲授一门全新的课程，我有两个不到三岁的孩子，而且孩子爸爸经常出差。

崔西·韦德
教育技术助教，穆尔斯维尔高中

然而六个星期之后，我考上硕士研究生，将文学与技术结合以提高学生成就。我为改变的潜能而激动，也为我们部门未能投入而沮丧。作为本部门最年轻而且唯一"侧面进入"的成员，我没有畅所欲言的自信。

所以我默默地行动，去改变自己世界的角落。我支持我所在的世界语部门抛弃过时的课程，聚焦于注入技术的项目学习式主题单元和真正的能力评估。虽然有些老师反感，不过学校领导人鼓励我坚持下去，而且我也找到了志同道合的同事。

年底，我被要求担任部门主任。虽然我志不在此，然而我做的改变被人关注了。我谨慎地行使职责，因为我没有完成师资培训，没有官方领导人经验，也不确定部门的其他人如何反应。但是校长罗亚尔先生告诉我，如果我为孩子们做到最好，那就勇往直前，就不会走错路。

有了他的支持和牢记在心的建议，我施行我认为亟需的改变。我建立数字化学生文件夹，展示成长与博客项目，从而将外国语学生与外界相联，同时把重点落实在数据，数据范围从我们选修课区的核心领域到个人化教学。人员变动也带来新想法。

在我们地区领导力学会中，我学会如何处理部门之间的冲突，如何在我们学校培养领导力才干。我服务于学校领导力团队，从罗亚尔先生身上获益匪浅。我观察他的领导行动——不止是言传——支持员工和学生，同时他提供成长机会，创建勤奋、信任、专注细节和进步的文化。

任职主任三年之后，我当选为学校 2012 年度教师，2013 年我申请了空缺的高中教育技术助理职务。我其实不愿意离开，但是我知道任职新岗位，我能影响 1800 人，而不是 180 人。这个机会太吸引人了，能让我与其他老师共事，与那些永远不会来上我的法语课的学生们合作。

我的地区为我投入，教会我如何成为教师领导人，哪怕我起初很抗拒，地区也为我迈出新的脚步做好准备。一年了，我对我的选择大为满意，也享受与地区众多优秀的领导人、成长的学生和员工共事，因为我们就是其他地区的灯塔。

校长与副校长的非正式领导力机会

我总是告诉副校长：他们的主要工作之一就是准备当校长，而且我们期待校长帮助副校长进入校长的角色。副校长承担具体的教学领导力目标，或者内容区块，或者年级，我们要求他们承担责任。与此同理，许多校长也准备成为董事或督学。

这种"准备未来"的安排对我们大有裨益。我们有五位副校长升职为校长，在副校长的岗位上，他们受益于不计其数的领导力机会，这些机会足以令他们做好准备。我们有两位前任校长去其他社区担任助理督学，一位副校长担任另一个地区的董事，一位中学副校长成为另一个地区的高中校长。

领导力行动

领导力路径在行动

麦克·罗亚尔

麦克在穆尔斯维尔高中就职副校长的第一年，就早早开展了数字转换新方案的工作，他一头扎进领衔笔记本电脑的收集过程。麦克是个数字达人，工作效率很高。他将过程分解，寻求高效率，处处节约时间。

据麦克说："我和员工讨论需求，借用数学部主任的力量，跟踪执教经验，优化整个过程。如今，我们已经很有技巧，且落实到实处，也即我们在何处找回超过1800台电脑，给它们编目录，在没有教师压力之下，大约一个小时之内存储它们。"

每年麦克和团队都检查过程，寻求微调，为整个工作进程做镜像，这种反馈实践推动我们前行。早期领导力的经验让麦克受益匪浅，足以令他胜任目前的校长角色，并为其他学校提供角色典范。

在我们穆尔斯维尔学区，校长与副校长领导力的机会，远远超过传统的工作任务。在许多校长会议上，我们要求每个人参与不同主题，并且表达他们的思考，因为"为人师表"的机会很重要，这是我们地区领导人成长的重要组成部分。

谢丽尔·道奇，南部小学副校长，检查数据墙，并与一年级教师在白板展示中互动

在我们克服重重困难和挑战的时候，我们确保学校领导人熟谙议题，能够和学校不同单位有效沟通。在我们数字转换的早期阶段，此举至关重要，现在也是如此。

领导力声音

拓宽愿景

过去的五年里，作为领导人的我成长飞速。2008年，我们开始运作数字转换新方案，那是我在穆尔斯维尔高中担任副校长的第二年，之前我当了七年的普通老师。在托德·威鲁特校长的领导之下，我学习，我成长。

我一向注重细节，不过在威鲁特先生领导之下，我能够拓宽愿景，看见细节在何处顺应更大

麦克·罗亚尔
校长，穆尔斯维尔高中

的事件。这些都得益于数字转换新方案过程中我拥有的领导力机会，以及学校范围内担任测试专员的机会。

　　在和我的副校长的交往中，我同样拓宽了愿景。他教会我课程与设备计划，以及如何处理与员工的艰难对话。我很庆幸，在我身为学校管理人的早期，能够向数目众多的团队学习。

校长与副校长必须增长才干：处理给予反馈、建构式提议和方向性培养的艰难对话——这些任务对许多领导并非易事。我们要求校长与副校长增长能力时，思考以下原则：

处理艰难对话

- 现在就谈话——越早越好。
- 尊重员工就是让他们知道你在乎他们。
- 指明优势。
- 坦承改变很难也很慢。
- 回环检查进程并伴随即时鼓励。
- 确保每个人知晓进步乃别无选择。

在新同事中寻找领导人

在面试环节中，我们的招聘团队寻觅领导力素质。我们的新同事以前从未在如同穆尔斯维尔学区的氛围里工作，他们告诉我们，他们很看重这里的新体验。许多人积极回应我们的文化，也很快进入领导人行列。数年之间，我们将招聘标准与数字转换和教师领导人需求同步。面试中，我们寻找候选人的领导力潜能：

新员工的领导力素质

- 合作。

- 团队思考。

- 高效。

- 热情。

- 重视成长。

- 准备工作。

当我们招聘校长、中心办公室领导人的时候，家长和社区成员也加入面试团队，他们是学校的编外员工，延伸了领导力责任。这种分享的过程提供领导力经验，也允许团队"拥有"决策权，团队准备好支持新员工并确保他们成功。

2013 年 10 月，我走访南部小学，看见珍尼佛·布朗，她是一位特殊教育的新教师，正在分组会议室等待学生们，当时我问她感觉如何。"我很幸运在这里，这里关心孩子和大人。"她回答，"我的导师，米歇尔·福斯，她对我的支持无微不至，而且她本来要检查我的工作，她待我亲如家人。"我们正式的导师制，确保新员工感受到团队的支持。

领导力声音

即刻领导力

我们学校用团队合作来招聘员工，这些员工共享我们的合作风格与职业道德。这就意味着，我们的新员工拥有即刻影响，许多人迅速走入领导人行列。因为他们技能多样，施展空间很大：

贾森·加德纳
校长，东穆尔斯维尔中等学校

·卡里·蔡斯，2011 年受聘为五年级英语教师，技术领导人，"我们阅读"基金项目领导人。

- 考特妮·克拉克，2012年受聘为四年级教师，数字转换新方案领导人，指导新教师。

- 马特·哈里杰，2012年受聘为六年级数学教师，天生的领导人，胜任所有工作，领衔与我们的一位供货商合作产品开发。

- 温迪·路易斯，2012年受聘为六年级数学教师，攻读数学硕士，就共同核心教学而言堪称我们的"诸葛亮"。

- 林赛·福特，2012年受聘为五年级数学教师，学生最高进步记录的保持者，领导所有人且示范与学生关系良好的价值。

- 安伯·布莱恩特，2013年受聘为五年级科学教师，迅速成为五年级科学主任。

- 凯瑟琳·弗隆，2013年受聘为四年级英语教师，她领衔阅读教学基础、数据分析过程以及个性化学习。

- 贾斯汀·詹姆斯，2013年受聘为六年级数学教师，向我们展示如何成功推动合作式课堂学习，在课堂里孩子团队化工作，而他来回指导。

访客反馈

穆尔斯维尔学区的校长了解教师。他们在招聘中展示领导力，确保一个包容和多样的环境——始终要求卓越。他们了解课堂的进展以及评估过程为人的成长提供机遇。他们绘制一个共同和清晰的愿景，以便所有人追随，他们知道唯有通过众人合作才能实现目标。他们创设一个环境，一种文化，在这里人们畅所欲言而无所畏惧。每个人都知道，在一个不断进步的开放、包容的环境下，校园（孩子就在里面）会更有价值。这就是我在访问你们学区后的感受。

——约翰·泰特

北卡罗来纳州教育董事会成员

很多不同领域专家视领导力发展为组织化成功的前提。然而我认为：这项工作的灵魂之处，不仅存在于正式项目和任务中，而且存在于领导人帮助团队成员发展领导力的日常工作中。

我工作的文化，就是领导人不断向他人示范的文化，所以每个人都有机会学习，而且我把有机会发展领导人视为一种荣耀。

　　恰克·鲁索校长和我走进岩石河小学里德夫人的一年级课堂，这时一个小男孩对鲁索博士挥手，笑容灿烂。"里德夫人说，她为我的勤奋而骄傲。"他告诉我们。"嗯，我也为你骄傲。"恰克说道。

　　"里德夫人也很勤奋。"小家伙回答。我们笑了，为他自发的领导力和对里德夫人的鼓励。

思考题：

1.你如何将领导力才干的创建与学校计划更好地相整合？

2.你的校长如何示范学习的重要性？

3.你以何种方式让教师参与完成教学管理和承担责任？

4.你如何要求领导力影响招聘政策？

5.你如何运用常态化会议作为发展领导力的机会？

第六章　领导力成长的正式项目

> "领导力发展必定是正式目标和非正式目标，强调它对全体至关重要，以获得最好的结果。"

2009 年 11 月的一个周六下午，我参与了一场热烈讨论，其中有 10 位穆尔斯维尔学区的领导人和来自姊妹地区，也即埃尔德尔斯泰茨维尔学校系统的 4 位领导人。这个团队，即穆尔斯维尔温盖特大学博士班，讨论过去的五周里和来自全国的各位督学——朋友和我们的前同事——的视频会议。

房间气氛非常热烈，虽然会议从上午 8:30 就开始了，而且所有人都有行政和教师领导人的全职工作。我给这个班上课，名为"学校督学和领导力"，即使我已经精疲力竭，我依旧全然沉浸在讨论里。

通过视频与各位督学交流以及学习他们的不同观念和经验，这种机会对课堂里的每个人都意义深远。所有激动人心和洞察深刻的评论，显然影响着所有课堂成员的领导力之路。除了第一年有位学员搬迁之外，每位团队学员都获得博士学位。

博士和硕士班

穆尔斯维尔学区的博士班专注于领导力，我们的硕士班专注于学校管理。两个团队都在温盖特大学学习。这所大学位于夏洛特郡之外，以文科教学而闻名遐迩。为了上课方便，平日在我们学校授课，而整个暑期项目在温盖特大学进行。除此之外，我们与阿巴拉契亚州立大学合作，为教育技术硕士提供混合式学习课程。

所有员工每年能获得 1000 美元的学费补助，有时穆尔斯维尔学区基金会增加补助。哪怕我们失去百分之十的经费，不得不痛苦地削减开支，然而我们绝不会背弃我们对领导力和职业发展的承诺。我们能够保证学费补助项目，这就是在传递一个信息：我们都需要保持成长以及与同事合作。

三个研究生班同步于我们的需求：构建领导力才干和增进我们在数字资源的教学重点。在我们数字转换的早期岁月，参与者增进我们的收获，与此同时，30 位甚至更多的领导人协同努力，增长他们的个人和合作领导力才干，直至今日仍未松懈，而且有新的人群参与其中。

领导力声音

我担任穆尔斯维尔高中校长的时候，也是爱德华兹博士指导的温盖特大学的一名博士生。这个项目为我提供了一个便利条件：在优先处理校长工作之时，与同事合作。讲师都是现任的专业人士，这能为我们提供一个高度实用且真实的视角，观察我们操作层面的领导力工作。

我深受两个课程的影响。一个课程关于文化效率，由课程主任劳埃德·威尔伯里讲授。课程里所学的课本和单元，都是我日常工作的内容。我的日常工作就是专注于创建强大的校园文化，遍及广阔的社区范围。第二个课程就是管理课程，由爱德华兹博士讲授。他为我们提供了一个机会：与来自全国的督学和其他领导人视频，多角度了解督学的工作。这个课程强化了我的信念：有朝一日我也要成为督学。

今日我身负重任，担任北卡罗来纳州最大的学校系统学术助理督学。我从穆尔斯维尔学区博士班获得的领导力成长，令我早有准备，而后直面变化和高度复杂的学校体制的每日挑战。

托德·威鲁特
学术助理督学，维克郡公立学校，罗利市，北卡罗来纳州，以及前校长，穆尔斯维尔高中

如今，我为他人的领导力发展寻找机会，包括行政人员和教师。比如，我正在领衔的新方案，开发680名教师的领导力潜能，努力登顶职业发展，构建共享式领导力才干，设计接班人计划。

除了我们的博士和硕士班，许多员工在本地大学接受个人化课程，有些人选择其他学位。我们中间的毕业生的反思性实践和未来导向，就是驱动我们文化学习的引擎。各种领导力成长机会助长了终身学习的精神，形成了学习、成长的个人和职业责任感。

我经常与一线教师联系：观察他们如何行动以及所学何物，尤其是帮助他们应对研读全职研究生学位时的艰巨挑战。我们承认平衡家庭、工作与学习的需求，我们提供鼓励、手把手地指点和关怀员工。

结构

穆尔斯维尔学区和温盖特大学合作的博士与硕士项目始于2008年秋季，在此之前，我和教育学院院长、副校长和校长碰头，解决了各种细节问题。我们在

2009 年冬天与阿巴拉契亚州立大学合作硕士项目。硕士项目是两年制，博士项目三到四年，两个项目都需要高度投入和持久勤奋。

我们决定由穆尔斯维尔学区和两所大学批准申请，而后确立两个主要目标——建立领导人团队，推动重点在学生成就领域的地区进步；以及在今后的几年内，拓展领导力才干。

我们和两所大学的多位教授合作，将变化的课堂实践同步于课程设计、合作重心以及动手计划，确保我们的数字转化始终与班级计划和讨论相交织。

阿巴拉契亚州立大学教育技术的硕士项目在各方面与数字转化同步。它提供混合式学习，线上和线下，增进员工理解教学在数字时代如何传播和接受。它培养了一群教师领导人，他们以技术助教、年级和部门主任的身份出现。

穆尔斯维尔中学校长卡里·塔尔波特博士与儿子，2012 年 5 月博士毕业后拍摄

我们以各种方式支持两个班级。比如，我们为所有课程提供咖啡、水和小吃，心意虽小，然而是对研究生学业的高度认可，而且我们随时鼓励和赞赏他们。

在第一个团队里，27 名学生中有 26 人完成研究生项目，获得研究生学位。10 人获得博士学位，10 人获得管理硕士学位，6 人获得教育技术硕士学位。我们在 2012 年开设新的博士班，2014 年开设新的硕士班。

2012 年第二届穆尔斯维尔学区博士班

- 桑迪·阿尔伯特，特殊儿童服务总监；

- 佛雷西亚·巴斯特，校长，穆尔斯维尔中等学校；

- 艾萨·考克斯，中学教育主任，罗恩郡学校，以及前副校长，穆尔斯维尔高中；

- 安杰洛·德利桑迪，校长，卡尔森高中，罗恩郡学校，以及前副校长，穆尔斯维尔中学；

- 克里斯·格曼，副校长，穆尔斯维尔中等学校；

- 贾森·加德纳，校长，东穆尔斯维尔中等学校；

- 英格丽德·梅凯文，人力资源总监；

- 迈克·罗亚尔，校长，穆尔斯维尔高中。

影响

卡里·塔尔波特，穆尔斯维尔中学校长，博士研究聚焦数字转换对同事关系的影响，这段经历帮助她构建学校强大的教师文化，虽然她最初拒绝改变。马克·科顿，园景小学校长，研究数字转换在小学层次的影响，已然领导学校飞速成长，创造强有力的文化令学生刻苦学习且热爱学校。

黛比·马什领导南部小学的学生成就刷新纪录，恰克·鲁索领导岩石河小学获得成功。我们的中等学校和高中的校长，以及其他穆尔斯维尔学区领导人，都加入了新的博士班，当他们每天改进教与学之时，我们感受到他们学术追求的影响。

当我们将数字转化的目标——尤其是学生成就——体现在研究生项目的正

式课程里，我们就创造了更多的反思机会，以及增加新的动力源以推进我们的工作。我们中的数位员工在团队里担任副教授，此举将增加我们日常工作的意义，也给予他们另一个成长机会。

领导人团队，同时又是学习团队，这会产生巨大的影响。每所学校的学术成就一路向上。当同行与朋友一同步入领导力旅程，收获会倍增，只因大家协同工作。当地区通过投入资源来奖励成人学习重要性的时候，他们就是在发出一个强烈的关爱与支持的信号，从而导致倍增的忠诚、骄傲和信念，结果就会有更多的改进教与学的力量。

领导力声音

与穆尔斯维尔学区的其他10位同行共同获得教育领导力硕士学位，是我职业生涯中的最好的体验。我攻读硕士课程，我在穆尔斯维尔学区工作，一个人显然不可能仅靠自己就取得成就。和志同道合的人组队且分享共同的愿景，对于完成最高标准的任务至关重要。

罗宾·迈克尔哈农
副校长，克里尔莱普中学，
罗恩郡学区，前五年级主
任，穆尔斯维尔中等学校

温盖特大学项目是个挑战，而且由我们地区数位杰出的教育领导人讲授课程。这当然不是真的"架在火上烤"，只是我感觉自己真的要烧焦了，当我打退堂鼓的时候，我的同班同学就给我鼓气。

我相信我们班的每个人都同意：我们的穆尔斯维尔学区领导人教会我们通往领导力的最佳路径。想想吧，你们地区督学亲自教你们当校长！爱德华兹博士分享一手经验，润物细无声地传递领导力价值，而这些帮助我们成长和成为更好的教育者。

他甚至根据我们的介绍，为每个人亲自挑选书籍。显然我们不能懈怠，因为他了解每本书，就好像每本书都是他写的！我相信：爱德华兹博士示范了好的领导人应该如何做——了解并尊重每个个体。他向我们展示：对于领导人而言，了解个体和团队动力是何等重要。

因为完成了项目，我任职于众多委员会和团队，出席很多讲习班和研讨会，比如南卡罗来纳州立法者退修会。

领导力投资回报
首届穆尔斯维尔学区温盖特大学博士班

- 米提·巴沙姆博士，晋升为我们姊妹学区埃尔德尔斯泰茨维尔学校系统副校长；

- 恰克·鲁索博士，从特殊教育总监晋升为岩石河小学副校长，再到校长；

- 黛比·马什博士，南部小学校长，领导学校成为南卡罗来纳州荣誉卓越学校；

- 卢克·史密斯博士，结婚并定居弗吉尼亚州，晋升为副校长；

- 史蒂夫·蒙尼博士，从运营总监晋升为中等教育执行董事；

- 托德·威鲁特，穆尔斯维尔高中校长，2010 年北卡罗来纳州高中年度校长，之后晋升为北卡罗来纳州罗利市维克郡公立学校助理督学；

- 卡里·图尔波特博士，从穆尔斯维尔中等学校副校长晋升为校长，2014 年北卡罗来纳州年度校长；

- 马克·科顿博士，从园景小学副校长晋升为校长，并领导学校成为北卡罗来纳州荣誉卓越学校长；

- 艾莉森·斯莱德博士，晋升为北卡罗来纳州罗利市维克郡公立学校系统技术教学组长。

副校长领导力学会

在许多学区，副校长要往高处走，然而没有受益于任何聚焦领导力的训练。在穆尔斯维尔学区，我们直接关注副校长和学区相关领导人的发展。（参考"附录A　领导力学会议程案例"）

结构

在穆尔斯维尔学区副校长领导力学会，我们每季度举办培训和信息分享会议，包括副校长和各层级的副主任。

我们不仅关注横向的同步，比如年级、课程等，而且关注纵向的同步，从一个年级到下个年级，以及课程顺序。比如，当穆尔斯维尔的学生中学时代西班牙语很棒，可是高中却很糟糕时，我们就坐下来，安排全新的纵向同步。问题就解决了。

我们中心办公室领导人参与同事的领导力成长。穆尔斯维尔学区教学执行董事，克里斯托尔·希尔和史蒂夫·蒙尼，还有人力资源总监，英格丽·梅德洛克，负责设计项目，他们召集团队成员、校长和其他人领导会议。

影响

见证穆尔斯维尔学区副校长的成长堪称激动人心，因为他们担负领导人角色，深受领导力学会影响，而且在地区和学校形成领导力协同。

朱莉·布洛克尔，N. F. 伍兹创新技术与艺术中心副总监和职业发展协调员，职务和副校长类似，在职业桥梁咨询和学生成就的其他领域展现杰出的领导力。雷诺亚·史密斯，园景小学的新任副校长，展现她的快速学习并理解穆尔斯维尔学区文化的能力。在园景小学和全地区，每天大家都能感知她的领导力。她是影响众多同事的领导人。

教师领导人学会

从 2008 年起，穆尔斯维尔学区为每所学校组建正式教师领导人团队项目，同样有我们的小学、中学教育和人力资源执行董事领衔。教师领导人项目与每所学校的工作紧密相连。目标是将员工成长同步于我们对每个孩子每一天的关注，与我们数字转换的创新相媲美。

穆尔斯维尔学区认识到并受益于教师群体至关重要的领导力作用。罗兰·巴特在《由内及外改进学校：教师、家长和校长大有作用》中提出：校长不能靠自己管理学校，因为学校极为复杂。这是我们共享的观念，我们的校长和学校从教师的贡献与领导力中受益匪浅。

结构

穆尔斯维尔学区校长从学校里确认五到十人成立教师领导人学会。他们选出有领导职务的个人，或者展现领导力潜能的个人——此人有积极的态度，愿意学习如何影响他们学校和地区的文化环境。起初，我们的教师领导力项目聚焦于年级和部门主任，现在也拓展至其他教师领导人。

学会成员每年聚会三次，讨论如下议题：比如领导力的意义，在他们学校的领导力如何呈现，以及如何发展不同个体的领导力才干。我们选择一本书或者一些章节，讨论、模仿和直接运用。

我们将团队分成小组，采用苏格拉底式的讨论方法：探讨教育领域的道德律令，以及构建关心与爱护环境在创建关系中的重要性。行动计划贯彻每所学校，同时训练如何令同行负责实践最佳关爱环境，以及如何使用数据做决策。

影响

穆尔斯维尔学区教师领导人学会产生巨大影响。它让我们确认：就各年级和部门领导力而言，我们需要改变和新方向，同时帮助教师学习如何将数据融入我们对每位学生的长久承诺，改变学生成长轨迹，而且指引他们成功。我们2013年的毕业率是93.4%，本州排名第二，其中非裔学生占比97.8%，这就是我们教师领导人重视文化的结果。

虽然改变的愿景和改变的最初期待来自我们地区的领导人，不过变革就发生在教室里的教师身上。数年之后，数十位教师领导人出现了，如今他们积极领导校级的同行。

领导力行动

教师成长在行动

根据穆尔斯维尔学区中学执行董事史蒂夫·蒙尼的说法：

"积极的同行压力是教师领导人学会的重要结果，促进有效课堂教学和工作环境，有利于学生成就和教师职业成长。学会也帮助教师感受到更多的认可，拥有更强的话语权。"

约翰·科恩，穆尔斯维尔中等学校六年级数学主任，穆尔斯维尔学区的2014年度教师，如下为他对学会影响力的叙述：

数年间，我见证教师领导人学会对参与者的影响。我们在团队环境里获得工作能力，我们更擅长当领导人。

我从未犹豫说出内心所想，然而现在我要深思熟虑，了解我是以领导人而不是一个参与者身份说话。我们教师

和来自其他学校和中心办公室的领导人交流，从交流中成长。他们把我们当成领导人对待，他们把我们当成领导人对谈，更重要的是，他们把我们当成领导人聆听。

年度会议

过去的几年里，我们召开两次暑期会议——一次为我们员工，一次为访客，此举为我们地区的共享领导力的成长提供无数的机会。

暑期协会

年度穆尔斯维尔学区暑期协会，为期三天，服务于我们教师数字转换的自主专业发展项目，由教师领导人领衔会议，而且根据内容区域、年级和技术能力等个性化需求设计会议。

参会者最初每天补助 50 美元，几年后，我们增加到 100 美元一天。参与者从 2008 年的 225 人，增加到 2012 年的 300 多人，占教师的 90% 以上。如今我们的培训重点在共同课程标准，很快包括新教师的有效准则。

因为我们不断进步，所以我们需要发展新技能，数字转换教学意味着学习永远在路上。除此之外，新教师需要专业成长和情感支持，新内容要求课程设计——整合而入我们的教学计划。

在数字转换的早期，暑期协会聚焦于技术适应，而后我们转向内容和数据。如今，我们主要关注合作、探究式学习和个性化学习。（参考附录 C 的议程）

暑期联席会议

穆尔斯维尔学区年度暑期联席会议，为期三天，为有志于数字转换的全国各地区提供专业培训的大型活动。2010 年，参加者有 250 人，2013 年和 2014 年，人数已经超过 400 人，这已经超过我们的容纳能力。

我们的教师和行政人员组织会议并合作，这深深地影响他们的成长。他们拟定会议的各种主题，从共同核心标准到新的州学测，以及数字革新。（参考附录 D 的议程）

访客反馈

我在北卡罗来纳州穆尔郡学校担任督学的时候，与校长及同事参加了穆尔斯维尔学区的暑期联席会议，并与学校董事会等人访问该地区。我的目标明确：通过观察穆尔斯维尔学区的领导力活动，创建我校的领导力。

我们离开时，已经了解穆尔斯维尔学区的校长与领导人的交流和其他地区迥然不同。显然，领导力就是相互负责，不是职位赋予了领导力，而是机会。教师以积极的方式谈论孩子，坦然面对挑战：一是学生在教室面对的挑战，二是他们自己作为教师面对的挑战。

他们为学生和学生学习承担责任。他们提交并讨论明晰的数据，他们能够预见并回答学生成就和期待改进的问题。他们建议并贯彻自己应对挑战的方案。

地区和学校行政人员也承担领导力责任。他们独特、明确也有力。他们参与对谈并提问，他们聆听并肯定教师所做的领导力决策。教师是对话的一部分，显而易见，领导力是团队工作。所以，每个人确信：学生终将克服困难。

有一次，我们看见爱德华兹博士和老师讨论数据，数据显示某个学科领域的连续的成就差距。他说道："我知道，你和我都仔细思考了。我很受鼓舞，我相信我们会攻克难关，因为你就是这项工作最佳领导人。"

——亚伦·斯彭斯博士

督学，弗吉尼亚海滨城市公立学校，弗吉尼亚州，

前督学，穆尔郡学校，北卡罗来纳州

学生和家长领导力发展

穆尔斯维尔学区为学生提供多种多样的机会，以便他们参与领导力发展活动。高中生以领导学生团体和其他倡议而闻名。中学生参加一个"我是领导人"的项目，由他们的教师设计，也即在合作环境中创建团队、领导力技能和领导力意识。

一位来自穆尔斯维尔中学的天才学生每周去洛基河小学一年级上课

在我们的中等学校，学生代表与新生搭档，帮助他们适应改变和数字转换，

103

他们也定期访问小学生，提供额外的帮助。

我们的家长和教师咨询委员会，为许多参与者提供交流和工作的机会，以便他们增强领导力技能。家长组建脸书群：与学校相关事项保持同步，动员并支持学校融资需求、基建项目和其他需要社区领导力的事项。两位家长，丽莎·吉尔和戴维·科布尔，后者也是穆尔斯维尔县长，他们动员数百名家长在 2014 年 11 月的投票中支持全民公决，丽莎领导并主持穆尔斯维尔学区社会媒体集团，如今成员超过 1000 人。

我们成果倍增，只因在我们教学和支持团队以及社区中，有众多的参与者和忠诚的领导人。为了实现这些结果，我们相信：领导力发展必须是正式目标和非正式目标，以强调它对全体的至关重要，以获得最好的结果。

领导力声音

我是领导人

我在中学读书的时候，参加了"我是领导人"的项目，这个项目帮助我和我的同伴成长为领导人，树立新的创造感和动力感。我们学会：在学校和社区，现在以及未来，如何更加主动地成为领导人。

伊丽莎白·卡瑞
九年级学生，穆尔斯维尔高中

我们边学边融入我们的世界，我们和遍及全国和全世界的学习者相联系。比如，2012 年夏季，我在日本逗留六周，一直撰写博客，返回美国之后继续和朋友们联系，和他们分享我在日本的见闻。

在穆尔斯维尔学区，组织培养是领导力发展的重要组成。我指导穆尔斯维尔学区中等学校执行董事史蒂夫·蒙尼的博士研究，确保他完成博士论文。

攻读博士期间，史蒂夫和夫人收养了两名中国孩子，同时他也担任业余篮球队教练，所以我知道他需要额外的帮助。显然，史蒂夫很容易延期毕业或者退出项目，不过我们的帮扶文化保证他克服重重困难。长久支持领导人成长，这是学校系统的制度化特色以及领导力发展水平的重要表征。

数年过去了，史蒂夫成长为杰出的领导人，我深深为他骄傲。当我们认可蒙尼博士在学校董事会会议为期两年的成就之时，他获得的欢呼声远远高于以前的毕业生。我们知道：他的领导力之路更为漫长和艰难，然而我们有共同的荣誉感，为了他，也与他同在。

思考题：

1. 你们员工参与什么校外项目以构建领导力才干？

2. 你们如何与当地学院和大学合作关于领导力的发展？

3. 你们如何在校内提供领导力发展的项目？

4. 你们如何培养副校长的领导力才干以便他们为当校长做好准备？

5. 你们如何支持员工参与研究生项目？

第七章　以生长性力量领导

> "我们领导人的生长性力量，将他们的学习和他人的学习与我们每天的目标与愿景相连。"

当穆尔斯维尔中学校长卡里·塔尔波特计划休产假时，我们知道：我们可以找到一位优秀的领导人，副校长助理安杰洛·德利桑蒂，接替她的工作。安杰洛一直参与学校领导力的需求，从卡里和他人那里学习：如何在各层面与学校的日常活动相联，以及如何使用生长性数据指导决策，而且他完全接纳一个理念，也即每天都是学习的新机会。

与此同时，因为穆尔斯维尔中学是一所大型综合学校，卡里是一位成就卓著的领导人，所以人们对学校的期望很高。安杰洛抓住这个生长性机会，他征求了多人的意见，从第一天行事就类同校长。他的身影遍布人行道、食堂、教室和走廊。他不断地与学生、教师、家长和工作人员互动，与他们交流学校的生活与工作。他展示冷静的紧迫感，把问题和评论集中在当下的工作，对每一情况都给予鼓励和期望。而且他总是很机智地说："我不知道，但我会检查并给你答复。"他确实这样做了。

我们无人知晓：自己何时会被召为领导人，但当被召唤时，我们必须准备成为领导人。安杰洛以优异的成绩担任了领导人，2014 年 7 月，他成为邻近的罗文郡卡森高中的校长。该校校长林恩·穆迪正在仿照穆尔斯维尔学区的模式，实施数字化转换。我们对安杰洛的离开难过，但我们也为他倍感骄傲。

当学校以生长性力量领导工作时，他们利用相关性的力量、即刻精确性以及每天新信息的价值让相关工作同步于学生和学校的需求。他们不断微调工作，每天校准数据和人员活动，以便创造各种条件，让学生、员工和领导人的学习蓬勃发展。

生长性力量将个人与领导模式相联，我们穆尔斯维尔学区的模式依靠共享领导力的愿景，以求调动全体员工的才能和能量。

生长性数据引擎

正如在《每一个孩子，每一天》中讨论的那样：在穆尔斯维尔学区，我们使用生长性的教与学的数据，创建一种新型的意识和持续的行动呼吁。利用生长性数据来调整我们的教学方法，为我们的教与学带来了精确性，因为我们拥有每个学生、教师、内容区域、班级、年级和团队的信息，而且团队推动我们的每日工作，并精确地呈现个人如何行动。

我们的课堂文化现在充满了实时信息，每个人都可以利用他们的优势，包括学生。我们不使用假设和直觉来指导我们的教学，相反，我们使用数据来提供高水平的准确性和效率。

发展一个生长性数据模型绝非易事，我们仍有很长的路要走。但是，这个过程不是一两个人在顶层指手画脚，而是许多领导人的投入，推动我们朝着正确的方向前进。我们已经摆脱了欠缺数据分析的旧模式，转向每天基于数据的个性化教学。正如赫斯和萨克斯伯格在《数字时代的突破性领导力》中写道：

空气中充满了关于数据驱动决策的高谈阔论。事实上，许多有价值的数据即使有助于评估机构，也往往不能帮助人们了解学习过程。毕竟一年一次的评估模式有重大局限，它限制我们所知的程度，也即知道什么能帮助学生掌握一套特定技能或知识。所以，学校或系统很难及时或灵活地调整。

有大量的新机会来改变收集和利用数据的含义。像亚马逊和脸书这样的企业，它们不是每年只收集一次数百万用户的数据，而是每分钟都在收集数据，以此来不断调整他们的模型、算法和产品。但这种思维方式需要形成全新的数据收集和使用习惯。

一个广泛的数据团队

虽然校长、副校长、部门主任和年级主任领导了有效分析的发展和信息的及时利用，但我们也一直在利用穆尔斯维尔学区教师的领导力，以便帮助完善生长性引擎。

我们在领导团队中轮换教师，以扩大每个年级的群体。只要有机会，我们就吸收新教师，吸收对特定内容或教学法有独特理解的教师。教师们采用团队生长性审查程序，在讨论学生的学习工作和分享数据时，相互领导。越来越多的教师被认可为这项工作的领导人，而我们也更加受益于众多目光关注这项工作，以及众多心灵与学生相连。

因为我们有大量的数据，我们需要许多领导人的洞察力和指导，以有效地使用这些信息，并将其变成所有单位的动力源。当不同的领导人帮助制定管理流量和有效分配资源的方法时，其影响是强大的。

领导力声音

领导力的涟漪效应

乔迪·科恩摩尔
六年级主任，穆尔斯
维尔中等学校

在数字转换开始的时候，我收到一台全新的笔记本电脑，我很激动，也很担忧，因为我担忧离开舒适区，担忧如此多的改变。但是岁月如梭，我以前的计划和教学方法已经过时。我拥有比以往更多的材料，我使用生长性数据来寻找或创建课程，以帮助每个学生达到他或她的水平，并且跟踪进展。因此，我是一个更好的老师、学生和同事。

在数字转换之前，同事之间的合作几乎不存在。我们大多使用教科书自行制定计划，我们分享测试结果，但没有真正的专业联系。然而一旦数字转换开始，我们知道必须合作才能高效，才能找到高质量的资源来匹配课程。这些任务太艰巨了，我们自己无法单独完成。

我不知道为什么，然而，我很快接受了新思维和工作方式。我不是第一个跟进的人，我经常因为变化而沮丧，开玩笑说在数字世界里需要一个504房间。但与此同时，我也愿意尝试我们所得到的任何东西，空气中弥漫着兴奋的气息。在学校和中心办公室员工的鼓励下，我担任了领导人角色。

我领导我的年级，鼓励我们学校的教师坚持下去。我希望每个人都能对挑战感到兴奋，所以我特意在我们年级创造了非威胁性的环境，鼓励所有同事为每周会议做出贡献，减少自我恐吓的程度。

我们每个人都磨练了新的技能，以自己的速度成长和成功，一起学习。一些同事转到了不同的年级，在那里他们又承担起领导人角色，由于连锁反应和新领导人的不断涌现，我们的学校变得更加强大。当我回首往事时，我对我们所取得的一切成就感到惊讶。

学生的自我导向

穆尔斯维尔学区的老师知道：学生知道什么和不知道什么，而后他们根据不同的学习需求调整节奏。他们知道该教什么和该教谁，他们不会浪费时间去重新教那些不需要学习这些知识的人。他们能够瞄准目标，并且增进支持的力度和效果。

这种能力使得教师能够授权学生观察和调整自己的学习——无论这是否意味着转到另一个目标，或者跟进一个特定点。通过密切跟踪他们的数据，学生即可监控他们的学习。在我们为小学生定制的暑期穆尔斯维尔和梅根阅读项目中，即使最年轻的学习者，也可以在 IPADS 上调出他们的数据，看到他们的进展和轨迹。"我为他们感到自豪，因为他们知道自己在哪里，要去哪里。"南部小学副校长谢丽尔·多奇向我报告时说。

几乎我们所有的内容引擎都提供了生长性的在线评估，给学生提供实时的个性化数据。这是一种生长性的力量，所有年级的学生都在使用这种生长性评估，家长也可以使用。生长性的力量延伸到每个学生、班级和家庭。

领导力行动

学生自我导向在行动

我最近观察了几位教师领导人，他们利用数据进行更有力和高效的数学教学。在穆尔斯维尔中等学校，我看到六年级的数学主讲教师乔迪·科恩与一群学生一起复习，准备第二天的测试。班级的其他学生已经准备好了，正在学习下一个目标，打算第二天再复习。

乔迪的学生已经发展出成熟的能力：根据数据监测自己的学习，在需要时寻求帮助，并进行自我指导。他们能跟上自己学习的知识，也明白何时该继续学习或复习。

在另一个地方，我观察到：岩石河小学三年级的联合主席卡罗尔·埃利奥特和詹妮弗·威廉姆斯，他们快速推进新数学标准的一个部分，我知道他们需要更多时间来学习下一季度的内容。

班里的一群学生告诉我，他们准备参加数学考试，我问他们是否准备好了，他们点点头，一个年轻人补充说："我们一直在对每个目标进行小测验，我们现在已经覆盖90%的目标了。""所以，你们认为你们会做得很好？"我问道。"我们知道我们会的，因为我们是负责人。"他回答。

卡罗尔和詹妮弗为整个团队提供领导力，他们平衡、支持和推动彼此，同时在我们每周会议上，更紧密地关注我们共同的生长性评估。他们帮助我们从静态的进度指南转向动态的进度，以及按学生、班级、课程或小组区分的差异化。

三年级联合主席卡罗尔·埃利奥特，与岩石河小学的学生一起工作

生长性指导

生长性力量适用于穆尔斯维尔学区的领导人的发展。正如弗兰和兰沃西在《一处丰饶：新教学如何实现深度学习》中所说：

> 我们不仅需要对学生的深度学习成果进行新的衡量，还需要衡量教学才干、文化和系统能力。这些衡量标准将包括教师和领导人不断变化的角色，（上文）描述的文化元素，教育工作者的专业学习状况，以及系统（地区或省、州和/或国家）的整体能力、资源和调整。

我们的校长、年级主任和系主任根据需要对教师或班级进行生长性支持，以加强特定内容领域或课程的教学。基于差异化需求的生长性指导是强大的，但它还需要复杂的分析方法，以及广泛的自我完善的文化倾向。

我们的领导人的生长性力量，将他们的学习和他人的学习与我们的目标和愿景相联。学生和学校不断变化的需求，驱动我们的工作，而且工作每天都在变。尽管有固定的待办事项，但教师领导人对他们的灵活性尤为自豪，因为他们回应每日需求，并积极主动地调整行动，以改善工作环境和学术成果。

访客反馈

放松控制和指令性氛围的组织和学校获得了创造性、创新性、协作性和沟通性的好处。穆尔斯维尔学区体现了一种氛围，也即允许和鼓励来自各区域的领导人。这种分散式领导力的环境，导致学校系统在各层级取得成就。

——艾伦·李博士

校长，亚拉巴马州鲍德温郡公立学校

领导人行动

生长性指导在行动

在最近一次学校董事会会议上，我们首次见到当地报纸《穆尔斯维尔论坛报》的一位新的替补记者。我欢迎她，并介绍自己和小组的情况。我们与该报有很好的关系，但多年来，我已经学会在有记者在场时注意各种动向。

然而，在会议过程中，一些工作人员举止欠妥，在一个我们不熟悉的新人面前发表了不当言论，所以在第二天的行政会议上，我提供了一些生长性的指导。我鼓励我们的领导人，把目光放远，远到他们可能成为校长的地方。我强调工作人员需要理解：在有陌生记者参加的公开会议上，表现出应有的谨慎，这一点尤为重要。

生长性设计和重新调整

人们普遍认为反思的价值被低估了，但在穆尔斯维尔学区模式中，我们接受了现象学探究的概念，即对意识和自我意识的研究，它引导我们不断地共同反思，重新调整我们的教学设计和文化。

丰富的领导力推动了我们的生长性的教学设计过程，这是一种文化机制，引导成千上万的输入和连接来创造生长性力量。这个过程使我们能够不断修改教学设计，利用每个人每天的观察力来增强我们的领导力才干。

我们设计工作的重头戏是培养教师——同样，非常重要的，是学生——利用日常学习从内部和周围进行领导的学生。就像幼儿园的孩子们在老师的指导下手拉手，团结在一起，我们团结一致，众志成城。

东穆尔斯维尔中等学校的学生一起工作

为特殊需求的学生重新调整

过去，我们总是以如出一辙的方式，为特殊教育学生插入班安排教辅人员。我们觉得，"我们以前都是这样做的，就这样吧"。但在数字转换中，我们认识到，我们需要退一步，根据数据显示和学生需要，以不同的方式分配时间和人力资源。

凯利·希尔德布兰
特殊教育主任，穆尔斯维尔中学

这需要时间，但我们已经习惯这个理念，也即必须根据数据不断调整和微调工作。我们知道这样做是正确的。我们竭尽全力，为特殊教育插入班制定了灵活的人员配置模式，在这种模式下，随着学生需求的变化，团队教学可以最大限度地支持学生。

学校通常每年或每季度对教学进行重新调整。但在穆尔斯维尔学区中，我们已经转向根据生长性数据，每天和每周高频进行情景调整。虽然花了五六年的时间，但现在已经达到目标，用生长性的力量来推动教学实践、节奏和重点。

我们的路很长，我们努力以同等重要的生长性培养工作，支持重新调整的领导力工作。无论在处理分析问题还是协作上，教师和学生始终需要其他领导的生长性肯定和直接培养。

有一次，我与 N. F. 伍兹高级技术和艺术中心的校长迪伊·吉布斯聊天，这时一个学生走来，他告诉吉布斯先生：贾斯特女士帮助他赶上进度。吉布斯先生问他：他是否因为举止粗鲁而道歉，男孩说他已经道歉了，他还说很感谢她在放学后留下来帮助他。学生走后，吉布斯先生对我说："这个男孩已经耗尽每个人的耐心，但我们知道他的家庭糟糕，没有人支持他。我们会失去他，但我们绝对希望他能毕业。有时，我们不得不爱护他们，让他们越过终点线。"我知道，我刚刚见证了一个生长性指导行动的佳例。

领导力行动

生长性教学设计在行动

过去的七年里，我们每个月都留出半天的时间用于职业成长——这是一个学习机会，也即在教师领导人、学校领导人和地区领导人影响下发展和成长的学习机会。

这些领导人通过我们手头的信息，协作确定我们在任何特定时刻的需求，计划、实施和评估专业发展活动，以满足团队和个人的需求。当他们将学习与每个利益相关者的生长性发展联系起来时，他们为成人和学生创造了一个充满活力的、实时的学习文化。

关于我们需要做什么来继续发展的讨论从未停止，这也促成了暑期协会和暑期联席会议，有无数的领导人参与其中，提供了多种专业成长的机会。正如弗兰和兰沃西在《一处丰饶：新教学如何实现深度学习》中所说：

"然而，仅靠新措施并不能改变系统。新措施必须与教学设计和实践中的真正变化相结合。教师和领导人之间的专业学习的质量和性质，对有效实施至关重要。"

思考题：

1. 你如何在组织中使用生长性数据？

2. 你如何发展能够领导生长性数据模型的领导人？

3. 你如何帮助学生使用数据来监测他们的学习？

4. 你是如何鼓励生长性教学设计？

5. 你如何确保教学设计在持续的基础上被调整？

第八章　艰难事务

> "在团队环境中做出的艰难抉择，聚焦最利好学生的事情通常是最有效的。"

在我担任弗吉尼亚州亨里克郡督学之时，我不得不放手一位年轻的校长，而我之前聘请他在一个极具挑战的环境里工作。我告诉他，我为他的努力感到自豪，并相信在下一个职位会更适合他，他会不断进步的。我们都热泪盈眶。不过我们一直保持联系。后来，他打电话和我联络，我们分享彼此的生活，也继续保持对彼此的尊重和共同精神。

自从穆尔斯维尔学区开始数字转换的第一天，我们就将时间、精力和资源用于员工的发展。我们最初就知道：有些人需要更长的时间才能适应，持续的支持和耐心至关重要。到了第三年，时候到了，我们要一同坚持每个人都加入成长变化的工作了。

领导力工作的一部分是以适当和尊重的方式管理艰难要求，以保持质量、关心及体谅他人。促进问责制、责任感和透明度具有挑战性，需要通过定义易于理解的原则以支持这项工作。在穆尔斯维尔学区，这些原则满足每个孩子的学术和社会需求，并且每一天都相互支持，即便我们需要传达的信息很困难。

除了教师和员工成就，领导者还必须在其他领域做出艰难抉择。他们必须驾驭国内外政治。他们要用技能处理财务问题，并应对因新标准和测试出现的混乱，以确保为学生提供最佳结果。

教师业绩

穆尔斯维尔学区文化简单而强大的基础，就是由培育文化支持的明确期望。在教室里，学生成就与教师效率的标准，受到所有人的最高重视。但是，尊重教师和学生的工作，这并非意味着领导人忽视需要的领域。领导力要求做出艰难决定的意愿，而且在团队环境中做出的艰难抉择，聚焦最利好学生的事情，通常是有效的。

多年来，我们不得不让几名教师制定改进计划，许多人应对挑战，提升他们的工作和产出。看到他们在艰难和指导性的反馈中成长，校长对此非常自豪。然而，有些员工无法做出我们所寻求的贡献，往往因为他们无法适应注重效率和产出的新焦点，我们不得不解雇他们或劝告他们。

领导人问责

穆尔斯维尔学区一直在努力发展员工的技能与才干。但我们的领导人认识到：必要时必须采取行动，以及需要时让某人离开。他们明白：以尊严、尊重和优雅的方式处理这些情况的努力，应该始终是分离过程的一部分。

分离有时必不可少，只为与其他员工和社区保持基本的信任基础，以及为学生挺身而出。我们的领导人已经学会妥善处理这些棘手难题。

避免出现"孤岛"

在许多学校和地区，员工按部门、学校或年级组织起来，并留在小组中，几乎没有互动或沟通。通常人际关系紧张，自己的空间受到保护。在穆尔斯维尔学区，这样的"孤岛"不可接受。我们促进小组之间的合作，我们的团队致力于解决分歧，将学生的需求放在首位，并避免消极的"孤岛"心态。但要指出的是：我们必须竭尽全力，方能实现这种合作水平。

几年前，穆尔斯维尔高中和 N. F. 伍兹高新技术与艺术中心的教师以及行政人员，两个为相同学生服务的学院之间罕有相互交流。虽然要做的工作不少，但我们已经大大改善了这种情况，使学生受益，因为两位校长为所有人示范了可见的团队合作。

同样，几年前，东穆尔斯维尔中学和穆尔斯维尔中等学校虽然是姊妹学校，但相距遥远，缺乏任何形式的团队合作。现在，多亏了新校长、新年级主任和新初级教学执行董事，"孤岛"之间的壁垒已经被打破。两所学校仍有一些友好的竞争，但是他们在课程规划和数据分析上共同努力，并在每次数据会议上鼓掌喝彩。

领导力行动

艰难抉择在行动

A 教师是四年级的"侧面进入"教师，她热爱学科，工作努力，所以课程内容扎实。每年她教的学生的考试成绩都很出色，然而，她对待学生的做法与我们的目标不一致。我们把她送到了我们的专业培训，叫作"捕捉孩子们的心"，她为概念而兴奋，只是对她而言，这些概念并不理所当然。她困扰于教室管理，以及与家长的互动。她的上司继续与她会面，讨论改进和指导的行动计划。然而，尽管她表现出色，但她对学生的态度并没有改变，因此她的合同没有续签。做出这个决定后，她彻底终止了教学。

B教师是在学年末聘请的十二年级老师，原因是有位老师辞职搬到另一个州。他是该学年教室里的第三位老师，为了追求技术驱动的文化，他在邻近的学区辞去了终身职位。他是一位天才的思想家，他的课程制作精美，可以挑战学生。然而，他困扰于平均水平和低于平均水平的学生，他的课堂管理技能薄弱。他用心正确，也真诚地关心学生，但他不确定如何在课堂管理和学生互动中表现出他的关怀态度。经过多次会议，仍然缺乏进展，他的合同没有续签。

C教师是一位"侧面进入"的新老师，曾在教育以外的许多领域工作过，而后决定担任代课教师，认真教书。她全心全意，以各种可能的方式帮助学生。她去家访，努力支持家长。然而，她的课程计划缺乏实质内容，并且她的课堂管理也不一致。她的学生爱她，但是出于错误的原因。她多次与上司会面，以审查有文件记录的行动计划，但她没有达到期望，或者完成行动步骤，所以她的合同没有续签。

领导力行动

领导人问责在行动

在迈克·罗亚尔担任穆尔斯维尔高中校长的第一年，他必须不续签几位老师，这可能是他当年最难的行动。根据迈克的说法："如果我们的老师效率低下，我们首先会提供支持，以帮助他们成长和进步。我们的支持系统包括导师和伙伴教师、正在进行的定向计划、教学技术助教以及援助所有教师的合作环境，尤其是援助新教师。但是，如果老师没有回应和改进，那么他们离开才最利于学生。"

东穆尔斯维尔中等学校的校长杰森·加德纳也面临过类似的情况。"很久以前，我就学会了保留教师的基本规则之一。"杰森说，"如果你不想让你自己的孩子待在那间教室里，那么那个老师就不应该待在你的学校里。为了避免冲突，一些行政人员可能会回避这些艰难抉择，但在穆尔斯维尔学区，我们从不选择容易做却绕过对孩子最有利的事情。"

领导力声音

跨部门协作

数字化转换为每位穆尔斯维尔学区员工带来新的理解和欣赏水准，也即去做最有利于每个孩子的事情。爱德华兹博士期望并相信领导人：他们能够在各自职责范围内表现出色，同时跨越专业领域。

作为技术总监，我负责所有技术方面的工作，但我也负责媒体和教学技术领域。我与课程和教学总监有着密切的工作关系，我们在这些领域进行合作。这些关系推倒了部门之间的壁垒，让我们所有人都能集中精力，朝着同一个方向前进。

斯科特·史密斯
穆尔斯维尔学区技术总监

专注于满足每个孩子的需求，使我充满活力，为每个人提供绝对最好的服务——无论是快速连接，出色的技术支持，还是出色的数字资源。在所有决定中，我们讨论什么对学生最有利，而不是对部门或技术最有利。这是一种范式转变，它在团队成员之间建立了新的合作水平。这对我来说也是一种新的领导方式。

政治

在学区内，变革的内部政治并不总是直截了当的，因此必须保持透明度以及对来自不同利益相关者的观点开放。在一项重大变革举措中，当领导人要求员工做一些全新且艰难的工作时，他们可能会被抵制，甚至回击。持续的沟通，以及基于共享承诺的工作，这些都至关重要。

当我们首次在穆尔斯维尔学区开展数字转换时，许多老师和社区领导人忐忑不安，只因我们期待他们做出改变。因此，我们优先考虑与学校董事会、家长咨询委员会和其他当选领导人进行清晰的沟通。因为我们不断地倾听和沟通，所以我们能够应对政治和早期实施的挑战。

领导者必须能够理解和驾驭所有影响教育的地区、州和国家政治活动。与学区以外的商会、基金会和其他社区团体建立合作伙伴关系，这不仅有利于学生，还可以帮助领导者通航艰难的政治水域。

学校领导人通常需要寻找共识，并与各级民选领导人建立合作网络。我们的孩子、学校和社区的福祉取决于此。如果最终目标是找到共同的决议，领导人必须抵制采取强硬路线的诱惑或鄙视之言，以避免加剧困难局面。在北卡罗来纳州，最近的立法改革令许多敬业的教育者绝望至极，但作为领导人，我们必须留在谈判桌前，与官员们一起努力，开辟前进之路。

努力妥协并保持对学生的关注，通常是一个成功的策略，尽管这并非易事。例如，当我担任亨里克郡的督学时，我与一位专员就重新划分选区进行了斗争，而我本来可以更好地寻找共识，并且扩大一些宽限期。

> **领导力行动**
>
> ### 学校董事会领导力在行动
>
> 几年前，当我第一次见到利昂·普利金时，他对穆尔斯维尔的学校很不满意。作为 NAACP（全国有色人种协进会）

穆尔斯维尔分部的一名官员，他告诉我：非裔美国人家庭对种族偏见、偏执、成就差距、不成比例的退学和沟通不畅的担忧。

我们共同努力建立更好的沟通流程并改善情况，利昂在我们的家长咨询委员会和穆尔斯维尔教育基金会担任领导职务。他当选为2013年11月穆尔斯维尔学区学校董事会成员，是我们地区积极而周到的领导人。

2013年，穆尔斯维尔学区学校董事会成员利昂·普利金和他的妻子盖尔在董事会宣誓就职仪式上

冲突

冲突是任何组织的自然组成部分，学习如何处理和回应冲突是领导力的重要组成部分。多年来，在处理冲突时，我学会了站在制高点，保持尊重和礼貌，并表现出同理心。

我相信：只要形势需要，领导人可以通过与各方合作，找到共识来成功解决冲突。或者他们可以允许双方同意不同意，同时仍然表现出对彼此的尊重甚至赞赏。我还了解到：无视冲突往往会产生"滚雪球"效应，因此必须及时处理冲突。

东穆尔斯维尔中等学校校长贾森·加德纳和穆尔斯维尔中学副校长霍利斯·贝克在校长小组会议上一起工作

几年前，在应对数字转换和新的问责措施的挑战时，有两位穆尔斯维尔学区的老师无法与部门的方向达成一致，我们反复尝试调解或继续前进，但收效甚微。最后，我们把其中一位老师调任另一所学校。这个决定没有得到很好的接受，但我们不得不采取行动。从那以后，两位老师都做得很好，更快乐，更有成效。有时没有解决冲突的明确路径，但未能解决这种情况只会增加问题。

预算削减

四年前，我们失去了北卡罗来纳州和地方拨款的 10% 的资金。全国其他学校也面临同样的情况。我们只得做出一些非常艰难的决定，随后的两年，我们放弃了大约 10% 的全职员工。

有些裁员是基于绩效缺陷，但在其他情况下，我们只能放手工作出色但新近被聘用的员工。我们努力使困境变得透明，并传达出我们对所涉及的伤害和冲击深表遗憾。然而，眼泪和痛苦对所有人而言都很锥心。

我记得有次和一位校长开会，她告诉一位年轻的一年级老师，她已经失业了。老师哽咽出声，校长和我都想安慰她。我告诉她，如果可能的话，我们会把她招回来，一年后，我们得以在另一所学校重新雇用她，她在 2014 年被公认为年度优秀教师。类似的困境是学校生活的一部分，我们竭尽所能学会克服它们，这对学校领导人而言至关重要。

截至撰写本书时，预算削减的影响仍然后果严重。我们的老师已经五年没有加薪了，四至十二年级的班级人数也大大增加了。越来越多的员工正在努力维持生计，这种情况正在困扰许多家庭。此外，在教师评估中，我们现在被要求对学生成绩数据的使用实施更严格的要求。在此艰难岁月，尤其是没有加薪和削减预算的时期，关于公共教育的破坏性评论对我们所有人都造成了伤害。

面对这些挑战，很容易让士气受损甚至绝望，但我们的教师和工作人员已经找到办法，以保持动力和协同作用。我们的地区收到了很多积极的反馈，我们的家长和社区一再认可我们的工作，令我们士气高涨。当人们经常听到"谢谢"时，就会有所不同。我们有很多理由团结在一起，因为我们努力解决艰难事务，而且我们做到了。

领导力行动

解决冲突在行动

几年前，我和学区与一位镇议会成员进行会谈，主要是关于穆尔斯维尔学区与穆尔斯维尔娱乐部门和计划之间的伙伴关系。后来，当议会成员被任命为北卡罗来纳州参议员以结束去世的参议员的任期时，我们与他会面，讨论了州教育政策和资金对穆尔斯维尔学区和其他地区的影响。

我们真诚地努力提供符合社区利益的信息和建议。反过来，他做出了真诚的努力，以确定他在新任务中需要的信息渠道。我们发展了积极、富有成效的合作，克服了我们以前的分歧，因为双方都致力于成功解决冲突。

领导力声音

教学和业务部门之间的团队合作

在我担任财务总监的职业生涯的早期，我了解到：我对教学目标的了解越多，我就越有能力筹集有限的资金。当教学和业务组成一个团队时，学生每次都赢了。在我工作过的每个地区，我都遵循这一理念，包括穆尔斯维尔学区。

特里·哈斯
穆尔斯维尔学区财务总监

在 2009—2010 学年，这种做法对我很有帮助，这是我二十多年职业生涯中最具挑战性的一年。经济下滑，我们面临地方和州资金来源的大幅削减。北卡罗来纳州的所有115个区都面临着类似的削减。当我们讨论为保持预算平衡而必须做出的艰难抉择时，我们预想着来自家庭和社区的回击，这些选择涉及裁减人员或技术。

对话从执行人员级别开始，并转移到整个领导人团队。我们确定需要大幅裁员以平衡预算。尽管我们的规模不断扩大，但我们无法增加保管、维修或技术人员，我们不得不裁减教师和助教。裁员从来都不是一件容易的事，但在前几年，通过让员工和社区了解情况，并且提供透明的财务流程，我们奠定了基础，这大大缓解了困难局面。

当讨论转移到我们的家长咨询小组时，爱德华兹博士和我预计：有些家长会希望取消我们的数字项目，并维持我们的员工比例，然而，该小组一致要求我们维持数字项目。虽然家长们不喜欢裁员，但他们支持我们增加班级规模以应对预算短缺的决定。

尽管这些决定很困难，但它们是过程中最简单的部分。当我们不得不召集优秀而勤奋的员工，而后通知他们被裁掉，这才是最难的部分。这特别艰难，因为我们是一个小镇，大家每天抬头不见低头见。但我相信：在非常具有挑战性的情况下，我们都竭力继续为每个孩子提供优质的学习体验。

测试和标准

多年来，穆尔斯维尔学区和其他学校的考试量大幅增加，考试时间越来越长。在北卡罗来纳州，我们现在需要为三至十二年级的所有学生安排课程结束和年级结束测试，最近增加了更多测试，在我们之前没有测试过的内容领域，北卡罗来纳州进行了一系列期末考试。

此外，我们正在管理新标准和不断变化的标准环境。一年前，北卡罗来纳州是一个共同核心标准州，州长和其他领导人完全致力于新标准。随后，保守派民选官员在政治上进行了重大反击，北卡罗来纳州大会在会议后期采取行动，指示州教育委员会撤回。因此，至少可以说，立法信息令人困惑。

我们已经为共同核心标准做了两年的准备，所以混乱造成了许多问题。但是我们的立场是：无论我们遵循的是新的北卡罗来纳州标准还是共同核心标准，我们都知道学生将从更加严格和基于应用程序的课程中受益。同时，我们竭尽全力，向老师传达正在发生的事情，并支持他们的成长和学习。

尽管情况困难，我们仍努力让我们的老师了解情况，并且争取他们的领导力来应对压力，从而为我们的学生创造最好的条件。我们手牵手并团结一心，如此我们才能振作，这在许多情况下，这种策略对我们都管用。

当我为穆尔斯维尔中学校长的职位采访卡里·塔尔波特时，我问她能否帮助大楼里的每一位老师成为更好的教育者。她立刻答应了，好像不存在其他可能性。然而，当我提及一些声誉平平的老师时，她逐渐意识到我说的是她作为校长的重要责任。

卡里开始认识到：在某些环境中，"足够好"的老师也许不是我们给予学生的最佳老师。这种理解促使她做出了数个艰难抉择，然而这些都是为我们的学生做出的最优抉择。

思考题：

1. 你如何处理有关教师成就的艰难抉择？

2. 你在组织中的管理冲突的方法是什么？

3. 你的员工是否有意识地避免"孤岛"心态？

4. 哪些策略有助于你管理内部和外部政治？

5. 你如何利用团队合作来帮助解决预算削减问题？

第九章 二阶领导人

> "二阶领导人必须善于变通，而且充满活力。领导
> 他人时他们必须学习和发展。"

2012 年的 11 月，穆尔斯维尔学区一支领导人小组飞往华盛顿特区。他们将在年度杰布·布什教育峰会上，组织一场关于数字转换的专题讨论会。

我和穆尔斯维尔中学校长卡里·塔尔波特、穆尔斯维尔高中生物老师萨摩尼·萨摩尼、穆尔斯维尔高中学生代表特洛伊·埃克尔斯以及穆尔斯维尔中学八年级学生马克·米勒一同参加这场讨论会。我们都有点紧张，因为参会人员有教育部部长阿恩·邓肯，数位官员和多位国家的教育领导人。

我们回答了关于我们的领导力旅程和地区转型的几个问题。特洛伊起初语速很慢，声音还有些颤抖，这也无可厚非，不过几个问题之后，他的领导力本能与天赋就占了上风。主持人问到最后一个问题：为什么数字转换如此重要？此时，特洛伊面向专家，迅速答道："我来回答这个问题。"

他告诉观众："其他家庭能给孩子的东西，我的家庭没有给我，但我的学校，我的老师以及我生活的地区，给予我每个孩子都需要的东西，一个公平竞争的环境。我正在充分利用它，正如这个国家的其他孩子一样，如果他们有机会的话。"

新学习下的新领导人

自从我们开始数字化转变，穆尔斯维尔学区的老师、学生及员工的工作生活都发生巨变。这种变革要求我们接纳"二阶变革"和"二阶领导力"，这需要灵活性、创造力和新思维。许多研究人员强调当今学校二阶改变的重要性，包括 J.T.福茨和美国国家学术领导力学院。

一阶领导力，专注于线性的、等级化的和重复性的工作环境，这不符合我们学校的新学习动力，也无法给学生获得成功的各种机会。

在新的学生工作环境中，他们能有机会进行创造力、合作和研究。领导人必须领导学习，创建个人和集体项目，并在组织里创设接受共享领导力的环境。由于忽视诸如此类的二阶变革管理问题，许多学校的改革努力付之东流。

领导力声音

教会教师

2014年的第一学期，我在学校的服务台工作时，我主动帮助在软件使用上有困难的老师。在第二个区块，我制定了一份不同软件使用答疑的时间表：周一是 Keynote 演示幻灯片应用软件，周二是 iMovie 视频剪辑软件，周三是 Numbers 电子表格制作软件，周四是 Pages 办公文档软件，周五是 GarageBand 数码音乐创作软件。我和有兴趣让我参观他们课堂的老师们预约，并帮他们解决应用程序的使用问题。我不会开车，所以我只能为主校区和马尼奥利亚校区的老师提供帮助。

达科他·史密斯
高年级学生，穆尔斯维尔高中

作为一所卓越的学校，既然我们能够使用这些新技术，就应该充分利用，所以帮助老师对我很重要。有了笔记本电脑中安装的应用程序，进行教学的方法数不胜数，因此每位教师都应该确切地知道：技术能为我们做什么。

穆尔斯维尔学区花费数年时间。建立二阶改变的文化，以提升创新力、产出和学生成就。然而今天，我们的领导人努力构建一个新的文化和结构。随着我们对二阶领导力的关注，全体教师、学生和员工都获得了更多的专业知识。正如托马斯和布朗在《学习新文化》中所建议的：数字环境能提供一个全新的、互联的组织结构，专业知识广泛分布在其中。

"几乎在数字文化的每个方面，都出现了一些提供协同培养的结构：不仅为学习的一般态度，而且为技能或兴趣领域的具体方法。然而，与过去几十年不同的是：21世纪的协同培养，看重同伴与同伴的互动，以及合作的流动性。"

分散式和生长性的二阶领导力文化，就是我们地区学生成就提高的核心，正如我们的学生在2013—2014学年北卡罗来纳州考试中的表现所示。

穆尔斯维尔学区期末成绩进步，三年级，2013—2014

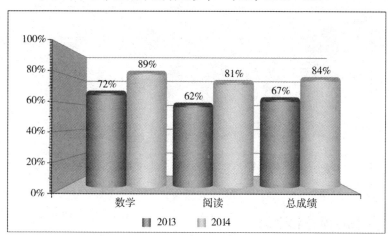

133

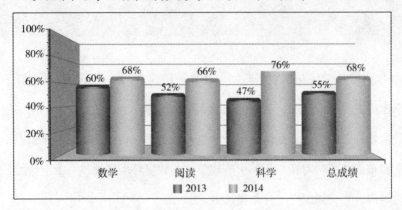

穆尔斯维尔学区期末成绩进步，四年级到六年级，2013—2014

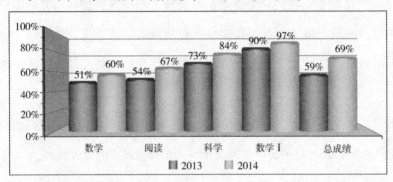

穆尔斯维尔学区期末成绩进步，七年级到八年级，2013—2014

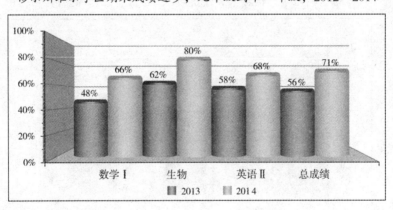

穆尔斯维尔学区期末成绩进步，九年级到十二年级，2012—2014

流动的领导和学习

在流动和充满活力的学校文化中，二阶领导人必须精力饱满和积极主动。

领导他人时他们必须学习和发展。领导力不再是静态的，领导人必须能够接受模棱两可的情况。正如领导人希望学生和老师通过探究和调查去学习，他们也必须很清楚答案并非总能得到，以及努力阐明解决方案。他们必须提高满意度和技能，以成功地调查、适应和整合变化。

例如，当领导人不确定一种新的数字资源如何运作时，他们必须有信心确信他们会解决这个问题，并且他们必须具有灵活的工作性格，以便在需要时能呼吁学生或同事帮助解决问题，同时每个人都能跟上进度。

这听上去很容易，但事实并非如此。习惯于出现问题时无法得到所有答案并有所改变，适应这种情况并不容易，对许多教育者而言，这需要持续的训练、计划和领导。

此外，二阶领导人必须能够指导学生合作团体，同时促进高效的工作流程。他们必须兼顾资源、参与和协作的情况，同时确保个人和集体的学术成就。

作者和穆尔斯维尔高中毕业生特洛伊·埃克尔斯，讨论在南部小学进行穆尔斯维尔和梅本暑期阅读提升计划

我们的领导人以这种方式领导的能力，为教师和学生树立榜样。领导人不断重新审视我们的工作并做出调整，这是每个人日常工作中不可或缺的部分。

二阶领导人的特征

- 志存高远；
- 相信定向培养的哲学；
- 对持续变化感到满意；
- 不断重新审视工作；
- 将乐趣视为学习不可或缺的一部分；
- 培养和关怀；
- 愿意担任领导角色；
- 乐于分享领导力；
- 认识到领导和培养领导人是每个人的责任；
- 采取全面的团队方法。

我们的领导人反复思考和再思考如何最好地应对变化，使用灵活机智的策略，明确期望并建立支持。正如赫斯和萨克斯伯格在《数字时代的突破性领导力》中所写：

随着学习科学和技术的进步，新的可能性将不断涌现，这些可能性创造新的机会，以支持优秀的教与学。理解科学学习的领导人和能够培养诊断能力和再思考学习问题的领导人，他们都善于利用新工具，寻求更智能的解决方案，并转变学校教育以改进学习。

教师领导人

教学生如何合作和独立工作需要二阶领导力的方法。通过将书桌堆在一起或使用圆桌，穆尔斯维尔学区的教师设计我们的教室来开展合作。他们设计了一些活动，包括独立的工作和流动的合作，将内容目标同步于生长性数据。

我们的教师领导人必须在变化的环境中不断学习，根据每个孩子和每日愿景，不断重新审视他们对教学法和工具的观点，同时追求最高标准。他们已经成为一个有机团队的一部分，与同事分享推动工作向前的焦点。

领衔同事之间合作的教师已成为我们教学设计的核心。因为我们的课堂充满了生长性信息，所以我们依靠教师领导人为彼此整理和分析数据。这不是零星的或偶尔的活动，而是持续而紧迫的工作。

教师领导人制定课程，计划并提供内部和外部的职业培训，帮助选择员工和行政人员，并领导依赖于普遍领导力的不断发展的教学法的发展。

领导力声音

始终学习

我们地区的数字转换始于穆尔斯维尔高中，我在那里教了25年中的大部分时间。在2007—2008学年，高中教师配备了笔记本电脑。在第一年，职业培训活动致力于了解电脑在课堂上的应用和可能的用途。这是教学中激动人心的时刻，但也充满担忧和不确定性。

史蒂夫·斯蒂思
社会研究部主任
穆尔斯维尔高中

在当时很少有人能够预见，数字转换将要改变游戏规则。但因为这符合孩子们的最大利益，我接受了挑战。今天，我仍在分析我的教学实践，并且不断从经验中学习。能够参与一个强调持续改进过程的学校系统，这令我自豪不已。

> 最近，校长邀请我加入一个由五名教师组成的团队，此时，我的努力得到了验证。该团队在夏天前往密苏里州，培训整个高中员工的数字化实施。我喜欢有机会在国家层面上与其他专业人士合作，同时进一步检验我自己的实践。

媒体专家

我们推行开放媒体中心的模式，学生们整天都在我们的媒体中心进进出出，我们的媒体专家将他们的技巧提升到了一个全新的水平。他们不再只是书本的保管者，而是扩大了作为二阶教学领导人的才干，接受我们的数字转换，促进个人与合作的学生研究，并加入专业学习社区，将他们的工作与教师和学生的工作相结合。

他们还参与了一项名为"项目联结"的全国性工作，该项目由福利特和美国学校图书馆协会赞助，旨在重新定义图书馆和媒体专家的角色，该项目汇集了来自全国各地的馆长和媒体专家。在研讨会和小组讨论中，我们的媒体专家描述了他们在穆尔斯维尔学区的新角色，以及他们如何演变为领导人，塑造了个人和集体对服务和灵活性的态度。在最近的学校图书馆期刊领导峰会上，五名来自穆尔斯维尔学区的媒体专家和技术总监斯科特·史密斯组成的小组，将他们的工作描述为未来的二阶变革模型。

校长和副校长

穆尔斯维尔学区的校长明白，培养二阶领导文化需要持续关注，他们清楚这是一条漫长而曲折的道路。他们总是在工作中学习，设计和重新设计满足不同需求的职业培训，认识到某些年级和部门可能比其他年级和部门需要更多的指导和支持。

他们还学会了在必要时采取躲避措施，这项技能依赖于对学校的详细了解。

在每一次的谈话中——有关预算、招聘或教学法——他们谈论每一个孩子。

他们作为真正的学习者，采用定向培养方式，相信合作领导的价值，为二阶变革做出贡献。例如，几年前，高中的两位教师领导人进入教学技术助教岗位时，他们的前任校长和副校长必须寻找和培养新的教师领导人。这是他们最重要的二阶领导力职责之一。

岩石河小学三年级成绩进步，2012—2014

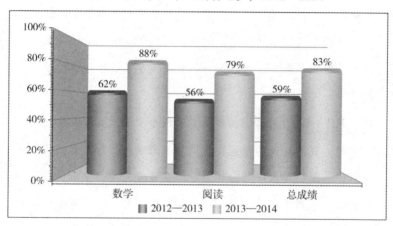

领导力行动

领导和学习在行动

2013 年 6 月，我会见了克里斯托尔·希尔和查克·拉鲁索，前者是我们的基础教育执行董事，后者是岩石河小学校长，我们讨论了岩石河小学的期末成绩下降的问题。我们对此结果深感惊讶，因为岩石河小学以前要么在所有小学中名列前茅，要么与领先的学校并驾齐驱。我与查克谈到：有必要召集他的领导力团队，并制定详细的改进计划，同时向他保证我会持续提供支持。

　　查克表示承担全部责任，并同意这个结果不可接受。我告诉他，我不怀疑他和他的团队会挺身而出，克里斯托尔会支持他们，因为克里斯托尔也有责任。克里斯托尔提到，她和查克已经开始制定新的行动计划。

　　引入共同核心标准评估后，北卡罗来纳州的所有考试成绩都下降了 35—40 分，但尽管我们的综合成绩在该州排名第三，我们仍渴望提高。岩石河小学是穆尔斯维尔学区所有学校里贫困水平最高的学校，超过 28% 的学生获得免费和减价的午餐。然而，前一年有超过 92% 的学生通过了数学和阅读两门科目。

　　2013 年 10 月，当我参观岩石河小学的坎贝尔夫人的课堂时，我看到她和专家正在辅导小班学生。她告诉我，专家每天都会留出一部分计划时间在课堂指导，学生们在阅读方面取得了很大进步。"我们知道。我们需要更多的动力来支撑三年级团队，每个人都加入了进来。"她说。当我们离开教室时，查克对专家付出了额外的时间感到非常自豪。

　　当我在 2014 年 3 月访问学校时，查克向我介绍了他聘请的一位家长导师，以援助三年级团队，并且提供一对一的帮助。他解释说，他和他的团队在制定行动计划时，决定请家庭教师协会寻找志愿者，他们每周能提供几个小时的志愿服务。"我们提供了一些培训，制定了个时间表，效果还不错。"他说。

　　到 2014 年 6 月，在来自多方的贡献和二阶领导力的帮助下，岩石河小学的分数有了大幅提升。

地区领导人

在接受二阶领导力方面，穆尔斯维尔学区的整个中心办公室团队呈现指数级增长。其他地区不断地招走他们——过去两年，有三位副校长成为其他地区的校长或董事——这就促使我们寻找和培养新的领导力才干，并努力留住我们现有的领导人。

因为我们都在共同成长，所以我们对培养新领导人的共同工作充满热情。我们的董事和执行董事，以及技术总监、财务总监和公共信息总监作为一个团队，为每位校长和许多学校的团队提供服务和定向培养。

中心办公室员工必须是积极的倾听者，在各层面积极从事每所学校和部门的工作。我们的教学计划基于他们的持续合作，以确保我们与学校和社区的需求保持同步。协调数百名领导者的工作，帮助中心办公室员工构建出色的协作技能，与此同时，他们保持对学术成就的高度关注，因为我们共享工作和快乐。

学生领导人

看到穆尔斯维尔学区的学生发展技能，以相互帮助和领导合作团队，这令人兴奋，然而这是一条费时良久的学习曲线。因此，从三年级开始，学生练习不同的角色，并且多次重复合作过程，以内化技能。

学生有许多机会学习，并提供二阶领导力。除了他们的合作，他们在说话、进行研究、掌握内容以及与他人分享知识的方式上，都表现出领导力。

当美国总统于 2013 年 6 月访问穆尔斯维尔中学时，他大部分时间都在与学生交谈。学生们描述了他们正在做的事情，向奥巴马总统展示了他们如何将数学概念与现实世界的问题联系起来，并展示了他们如何利用线上知识、分析学和中学文化来促进学习。老师们不怎么发言。听到学生阐明他们在做什么以及为什么做这些很重要，这是鼓舞人心的。

就在总统在体育馆发表讲话之前，一名来自穆尔斯维尔中学的特殊教育学生走到麦克风前，主持了效忠誓词。尽管她遇到了一些小问题，但她出色的领导力技能让每个人都赞叹。

领导力声音

感谢你们给予的领导力机会

　　我来自一个贫困家庭，因为我没有其他学生所拥有的资源，比如家用电脑和辅导老师的钱，所以我内心挣扎。但在穆尔斯维尔学区，我的老师期待我能成功，我也可以接触到技术。许多学生和我一样，觉得他们有机会提升自己。

特洛伊·埃克尔斯
穆尔斯维尔高中毕业生
和霍华德大学大二学生

　　我一直觉得我需要在家里、学校里和社区中证明自己。我想成为班上最优秀的学生，也参加了很多课外活动。但我不想成为集体中的普通人。我想领导他人。作为学生会主席，我担任了很多角色，这并不容易。我经常感到不知所措，但我一直坚持着，因为我知道，总有一天我的努力会被注意到并得到回报。

　　当我收到飞往华盛顿特区以谈论我们的数字转换的通知时，我感到非常惊讶。那是很盛大的场合。有人指望我在首都积极代表穆尔斯维尔学区。这是证明我可以派上用场的机会。作为学生会主席，我在全班同学前发言，为毕业做准备。就在那时，我才意识到这是真实的。人们相信我。当我站在课堂上时，我突然意识到，简单的部分即将结束，我在那里带领他们走向终点。

　　毕业后，我想穆尔斯维尔学区可能会忘记我，或以新人取代我，但我错了。我收到一封电子邮件，询问我是否想在暑假期间，担任小学读写项目的教学工作。他们说我会成为这些孩子的好老师，我爱上了这份工作。影响孩子们的生活确实对我产生了影响，但我从他们身上学到的东西，比他们从我身上学到的更多。那年夏天晚些时候，我收到了另一封电子邮件，他们请我在一个小组讨论数字转换。我很荣幸能发表我的观点。

穆尔斯维尔学区给了我无数的机会，以证明我可以给予一些东西，也可以做任何事情。我已经走了这么远。我的旅程中最好的部分，就是知道我并不孤单。穆尔斯维尔学区每年都会培养像我一样的新的领导人。

我一直认为自己是一个领导人，因为我为自己设定了很高的目标，并且我始终如一。但我知道，领导人远不只是头衔。成为领导人意味着为他人树立榜样、承担责任并在社区中保持积极的形象。

数百名穆尔斯维尔学区的学生参加了各种各样的课外活动，学生领导力的成长，为众多机会带来额外的价值。400多名学生参加了穆尔斯维尔高中的乐队、合唱和戏剧节目，200多名学生成为穆尔斯维尔学区年轻的海军后备军官训练队员，数百名学生在学生体育运动中担任领导人角色。我们的教练和董事始终专注于培养学生的领导力。

正如弗兰和朗沃西在《一处丰饶：新教学法如何发现深度学习》中所写：

学会学习，让学生成为自己和他人学习过程的元认知观察者，是新教学法的一个基本目标。这个目标不仅是掌握内容知识；还要掌握学习的过程。

学会学习，需要学生开始明确自己的学习目标和成功的标准；监督自己的学习；批判性地检查自己的工作；吸收来自同龄人、老师、父母或其他人的意见；并利用所有这些，以加深他们在学习中如何发挥作用的认识。随着学生越来越能掌握自己的学习过程，教师的职业逐渐从布置明确的学习任务结构，转变为提供反馈、激励学生下一阶段的学习挑战，并且为学生不断改善学习环境。

后勤领导人

在穆尔斯维尔学区，我们鼓励并依靠后勤人员的领导才能，以推动我们走向二阶改变。我们认可他们全年在午餐会和颁奖典礼上所做的努力，因为我们知道，没有他们，我们就无法推动这艘船前进。

后勤领导人每天关注数百个重要细节，促进学生和教学人员努力追求学术卓越。他们是教育工作中必不可少的团队成员，他们也知道这一点。

复制二阶改变

虽然穆尔斯维尔学区是一个相对较小的学区，只有6000名学生，但数十个地区，或大或小，或城市或农村地区，正根据我们的模型构建自己的数字转换——从密苏里州波普拉布拉夫，有5200名学生；到北卡罗来纳州穆尔县，有12500名学生；到华盛顿的温哥华，有22700名学生；到亚拉巴马州鲍德温县，有30000名学生；到马里兰州巴尔的摩县，有109000名学生。此外，加拿大阿尔伯塔省的许多地区都在使用穆尔斯维尔学区模式。

这些地区的领导人参加了我们的暑期联席会议，并继续创建自己的数字转换版本，时常保持与穆尔斯维尔学区领导人的合作。

我们经常被问到：规模大的学区是否可以成功地使用我们的模式。真正加大复制力度的地区是美国第六大学区，有206000名学生——与穆尔斯维尔学区的情况并不完全相同。休斯顿独立学区（HISD）推出了有史以来最雄心勃勃的数字转换计划之一。

勤杂工主管李·希尔和维修 / 建筑 / 硬件专家泰迪·特森
在 2013 年 6 月的运营部门感恩午餐会上

HISD 资深督学特里·格里尔博士与学校董事会成员、校长、教师领导人以及地区和社区领导人一起多次访问穆尔斯维尔学区，他们已经制定了一个复制穆尔斯维尔学区模式的计划。这是一项艰巨的任务，但迄今为止的结果令人鼓舞，新的领导人正在不断发展。

领导力声音

休斯顿独立学区启动

2013 年夏天，我们开展了 HISD 的启动计划。来自 11 所高中的教育工作者，参与了一个试点项目，旨在为 18000 名学生提供随时随地的一对一计算机学习。在 2014 年夏天，截至撰写本文时，我们正准备带入另外 21 个校区，到 2015—2016 学年，我们预计所有 44 所 HISD 的高中都将加入。在我们将 21 世纪的学习引入学校的过程中，

特里·格里尔博士
督学，休斯顿独立学区

我们面临了许多挑战，也收获了许多。

寻找资金

我们面临的第一个挑战是金钱。当我在 2009 年加入该学区时，我发现计算机技术不被重视也很落后，我们已经有 12 年没有获得 E-Rate（普及服务基金学校与图书馆计划）的资助了。80% 的学生有资格享受免费午餐和减价午餐，大多数孩子在家中使用电脑的机会很有限，或无法使用，并且没有连上互联网。

在我来到这个学区不久后，我们恢复了来自"普及服务基金学校与图书馆计划"的资金，2012 年，选民通过了 19 亿美元的债券发行，其中包括 1 亿美元的技术基础设施升级。我们升级了地区宽带容量，确保每个校园都拥有有效的无线服务，并创建了一对一的笔记本电脑计划，并为在家中使用的家庭提供免费或低价的互联网连接。

走向统一系统

HISD 是美国最分散的地区之一，基于站点的管理意味着该地区多年来安装了大量的基础设施、硬件和软件。尽管很多学生从未拥有过笔记本电脑，但有一所学校希望学生能够使用自己的笔记本电脑，而不是学区购买的设备。

我们知道统一系统必不可少，所以我们努力说服学校董事会成员，告诉他们我们不是在试图改变这个系统的中心，不是要剥夺校长的决策权。

校园配备了与学区相连的基础设施，所有学生都必须使用由学区购买并编程的惠普笔记本电脑。教师由"探索教育"和来自穆尔斯维尔学区的优秀团队进行培训。软件在地区层级上进行评估和批准，学校需要资助技术和教学专家，以迅速满足他们的个人需求——与学区过去开展业务的方式相比，这是一个巨大的转变。

　　管理范式转变

　　随着范式的变化，我们必须仔细回应期待，并提出一些关键问题。我们如何改变文化以征求校长和教师的支持？我们如何成功培养许多技术与经验都有限的学生和家庭？我们如何确保我们对课程和教学资源的关注与新技术相匹配并最大化？

　　早期采用者的核心群体急切地接受了新愿景，许多后期采用者并未完全加入，一些反对者则予以抵制——校长、院长和副校长分布在各个类别。这种反应范围加上任何学校系统中固有的教师流失率——我们的情况是，流失率为每10%到20%——意味着训练、职业培训和沟通是关键。

　　我们制定了一个强大的训练计划，其中包括一个二阶领导人团队，他们对每个工作人员和每个校园的独特需求做出响应。在"探索教育"最初为期五天的强化训练中，我们为44所高中的每个学校组建了一个启动领导人小组，每个核心学科（语言艺术、数学、科学和社会研究）都有一名教师，他们创建了示范教室作为教学实验室。

　　示范教室通过项目的第一阶段生动地展示了启动计划的实力和潜力，在项目的第一年，44位强大的二阶领导人决定了成功与失败。

　　我们的传播部门设计了一个全面的内部和外部信息计划，其中包含一个综合网站（houstonisd.org/PowerUp）。家长和学生接受了有关数字礼仪、数字足迹和社交媒体责任的强制性指导，并被要求签署谅解合同。

　　我们更愿意认为，启动计划不仅仅是有关设备的。因此，我们和学生、家庭和教师沟通并表明：软件和设备是与技能娴熟的教师共同合作，以实现个性化学习、创建更丰富、更相关的课程，并将学习与生活联系起来。

HISD 已经取得了巨大的进步，而且正在引领大地区转向数字转换模式。格里尔博士将当前状态描述如下：

我们的数字转换是一项艰巨且具有挑战性的工作。但是，我们在改造课堂方面取得的进展，我们教育工作者之间的新合作，以及我们的学生与全新的学习世界的深度联系，所有这些都令人鼓舞和激励人心。

我们最大的自豪之一就是创造了二阶领导力，这种领导力有时会以出人意料和温暖人心的方式表现出来。在我们的女青年大学预科学校，学生已经成为老师。在这种角色转换中，女孩们向老师们展示如何使用她们最喜欢的网站和软件，而且以我们想象不到的方式展示了合作。这些突破使启动计划成为 HISD 的非凡体验。

对于 21 世纪的学习，任何学校系统的数字化变革都至关重要，可以让学生做好准备，比如攻读高等教育，参与工作，以及面对我们日益缩小的世界。但这种转变并不容易，即使对于小地区来说也是如此，而且你等待的时间越长，困难就越多。

我们在休斯顿市面临的挑战，将在每个地区以不同的规模呈现出来，而且需要勇气、创造力和永无止境的承诺，因为数字学习很像育儿。你永远不能停止养育，即使你的孩子似乎准备好自力更生，或者是能干的成年人。

思考题：

1. 你的组织如何走向二阶领导力？

2. 你可以做些什么来帮助你的领导人同时领导和学习？

3. 你如何帮助员工适应流动和充满活力的文化？

4. 在复制穆尔斯维尔学区模型时，你预计会遇到哪些挑战？

5. 你所在地区的规模将如何影响数字转换之旅？

尾声

每年秋天，我期待学校开学前的集会，届时我们的员工和社区人员济济一堂，庆祝我们的成就，表彰上一年的年度教师和年度校长，而后在我们的乐队、合唱团和海军 JROTC 护旗队狂热的欢呼声中，我们昂首迈入新学年。

2014 年，在年度会议召开前两天，我决定做小小的提升。我给我们的领导人发去电邮：建议我们启动会议时加入"跳舞而来"和"灵魂而来"竞赛环节，并且为获胜团队准备主餐，同时我给每个团队一分半钟的时间去"作业"。

我们通常在上午 9:00 开会，不过在上午 8:45 的时候，一个好日子，我们已经听到歌声。那是在礼堂外等候的南部小学团队，他们在哼唱"南方在房子里，南方在房子里"。

上午 9:00 整，南部小学员工鱼贯而入，身穿荧光黄 T 恤，手戴黄色日光手镯，在拍打铃鼓，在空中挥舞绒球。我们争先恐后去拿响板，几分钟中，"普通人"的低音和灵魂充满礼堂。

接着，"我们是 N. F. 伍兹，我们是 N. F. 伍兹"的歌声融入其中，那是 N. F. 伍兹员工在走廊载歌载舞，紧随其后的是东穆尔斯维尔中等学校、穆尔斯维尔中学还有穆尔斯维尔高中，带着他们的铃鼓和绒球涌入会场。园景小学和岩石河小学的员工摇晃而来，园景小学校长马克·科顿装扮成爱国者（配有大礼帽），身后跟着语言艺术教师苏西·哈德森，身穿红色莫霍克球衣，几十名灵魂领导人穿着可笑的服装。

当音响里传来"呼喊"时,园景小学团队冲上舞台,疯狂地跳舞。南部小学员工,尽情跳跃和舞蹈,疯狂的服装和杂技动作令人大开眼界,而后是岩石河团队的校长查克·拉鲁索爬过舞台。

穆尔斯维尔中等学校教师艾丽西亚·西姆斯,南部小学教师劳伦·波洛克、斯科特·罗珀和科奇·迪顿,还有园景小学校长马克·科顿在2014年集会

当我们听到伊斯利兄弟唱着"现在有点慢"的歌词时,来自穆尔斯维尔中等学校和东穆尔斯维尔中等学校的员工飞快地穿过前排,跳上舞台,其中有东穆尔斯维尔教师贾斯汀·詹姆斯,在便携式电子鼓上敲打节拍。

突然,穆尔斯维尔中学团队来了。当扬声器里响彻"自由自在"之时,教师艾莉森·菲尔德在舞台做了六次前手翻。接着,舞台上的团队多了来自我们后勤项目的所有员工——交通,技术,营养,维修,中心办公室,学前和学后看护,以及学生服务——每个人都使出浑身解数。

此时,屋子里所有人起立,摇摆和跺脚。而后,"穿蓝衣的魔鬼"乐声响起,N.

F. 伍兹教师达伦·布里奇斯——身高六英尺三英寸，体重240磅——身穿蓝衣，头戴金发，载歌载舞而来。所有的穆尔斯维尔高中员工舞姿整齐，紧随其后的是穆尔斯维尔学区公交车司机，他们快活地"尽情摇摆"，公交车司机詹姆斯·莫顿站在舞台中央，推倒房子。

接下来的五分钟，所有的团队拥挤在舞台。社区领导人、市长、县长、学校董事会成员和当地商业领导人走到前排，鼓掌和舞蹈。每个团队表现都很出色，很难区分伯仲，所以我们当地商业领导人为所有员工买单。

这是我此生所见最有趣和壮观的共享领导力展示。礼堂里的每个人都是氛围中人，也被其他人提升。我现在依然能感受到节拍，看见笑容，听到笑声，牢记我们为每个孩子每一天的成就而一起被点燃的快乐。

附录 A

副校长（AP）领导力学会议程

第一部分：全球视野下的领导力，2013 年 11 月 12 日

部分	主题	时长	时间
AP 领导力学院的目的	·导语 ·审查议程和目标 ·执行董事的领导责任	10 分钟	8:30–8:40
院长致辞	·什么造就了一个伟大的领导人？ ·领导力的回顾反思	30 分钟	8:45–9:15
关于指定阅读的 AP 专业学习社区 苏格拉底研讨会	·"领导人社会与情感的学习" ·"领导力模式的卓越" ·"遍及世界的学校领导力"	45 分钟	9:15–10:00
	休息	10 分钟	10:00–10:10
关于成为共鸣领导人的讨论第 1—68 页	·真正的领导力：成为你最想成为的领导人 ·共鸣领导力：需要什么 ·保持警醒：保持清醒，意识，准备学习	60 分钟	10:10–11:10
反思时间	·您目前如何展示出共鸣领导力？	5 分钟	11:10–11:15

续表

领导力更新和公告	·适当的调查技术 ·学校安全和新的枪支法	25 分钟	11:15–11:40
问题与解答	·电子邮件通信 ·一般问题	15 分钟	11:40–11:55
为了秩序的利益	·汇报和回顾 ·为下届会议做准备 2014 年 2 月 27 日，"引领变革"讨论《成为共鸣的领导人》第 69—150 页	5 分钟	11:55–12:00
与同事的非正式交流	·午餐	30 分钟	12:00–12:30

引用

Cherniss, Gary. (April 1998). "Social and Emotional Learning for Leaders," *Educational Leadership*. Alexandria, VA: Association for Supervision and Curriculum Development.

Goldman, Elise. (April 1998). "The Significance of Leadership Style," *Educational Leadership*. Alexandria, VA: Association for Supervision and Curriculum Development.

McKee, Annie, Boyatzis, Richard E., & Johnston, Fran. (2008). *Becoming a Resonant Leader: Develop Your Emotional Intelligence, Renew Your Relationships, Sustain Your Effectiveness*. Boston, MA: Harvard Business School Publishing.

Stewart, Vivien. (April 2013). "School Leadership around the World," *Educational Leadership*. Alexandria, VA: Association for Supervision and Curriculum Development.

第二部分：引领变革，2014 年 2 月 27 日

部分	主题	时长	时间
领导力学院的目的：回顾	·上届会议反思 ·审查议程和目标	10 分钟	8:30–8:40

续表

关于指定阅读的 AP 专业学习社区 Scott Smith Stephen Mauney Crystal Hill	·改变领导人 ·"共享秘密" ·"当领导力危在旦夕"	45 分钟	8:45–9:30
财务总监致辞 Terry Haas	·怎样成为变革的推动者，同时兼顾财政？ ·问答环节	30 分钟	9:30–10:00
休息		15 分钟	10:00–10:15
关于成为共鸣领导人的讨论第 69—150 页	·发现梦想：建立一个充满活力的个人愿景 ·欣赏真实的自我：纵观全局 ·哲学方向问卷 ·你刚刚中了头奖！	60 分钟	10:20–11:20
反思时间	·您目前在个人和专业上如何展示共鸣领导力？	10 分钟	11:20–11:30
执行董事"谈话"	·作为学校领导人，主动进行职业培训并仍然支持校长意味着什么？	15 分钟	11:30–11:45
问题与解答	·一般问题	15 分钟	11:45–12:00
午餐，与同事的非正式交流	·汇报和回顾 ·为下届会议做准备 ·2014 年 4 月 3 日，"成为共鸣的领导人"讨论《成为共鸣的领导者》第 151—213 页	30 分钟	12:00–12:30

引用

Fullan, Michael. (2011). *Change Leader: Learning to Do What Matters Most*. San Francisco, CA: Jossey-Bass.

Good, Rebecca. (April 2008). "Sharing the Secrets," *Principal Leadership*. Reston, VA: National Association of Secondary School Principals.

Heifetz, Ronald, & Linsky, Marty. (April 2004). "When Leadership Spells Danger," *Principal Leadership*. Reston, VA: National Association of Secondary School Principals.

McKee, Annie, Bovatzis, Richard E., & Johnston, Fran. (2008). *Becoming a Resonant Leader: Develop Your Emotional Intelligence, Renew Your Relationships, Sustain Your Effectiveness*. Boston, MA: Harvard Business School Publishing.

第三部分：成为共鸣的领导人，2014 年 4 月 3 日

部分	主题	时长	时间
欢迎与思考	• 上届会议"引领变革"的反思 • 审查议程和目标	10 分钟	8:30–8:40
关于指定阅读的 AP 专业学习社区 Todd Black Stephen Mauney Crystal Hill	• 受伤的领导人 • "充分利用它" • "温柔的力量"	45 分钟	8:45–9:30
新闻干事致辞 Tanae McLean	• 如何通过以下方式共鸣与利益相关者建立有效关系并兼顾学校领导的道德责任？ • 问答环节	30 分钟	9:30–10:00
休息		15 分钟	10:00–10:15
关于成为共鸣领导者的讨论第 151—213 页	• 成为一名共鸣领导人：将愿望从意识转化为行动 • 激发共鸣：在团队、组织和社区中发挥效能	60 分钟	10:20–11:20
反思时间	• 视频 • 您将从这里走向何方？	10 分钟	11:20–11:30

续表

执行董事"谈话"	• 在你目前的领导人角色中，你将如何刻意表现出共鸣？	15 分钟	11:30–11:45
问题与解答	• 确定明年的 PDP 目标 • 支助工作人员评价 • 一般问题	15 分钟	11:45–12:00
午餐，与同事的非正式交流	• 感谢您的参与！	30 分钟	12:00–12:30

引用

Ackerman, Richard H., & Maslin-Ostrowski, Pat. (2002). *The Wounded Leader: How Real Leadership Emerges in Times of Crisis*. San Francisco, CA: Jossey-Bass.

Daresh, John C. (January 2001). "Making the Most of It," *Principal Leadership*. Reston, VA: National Association of Secondary School Principals.

Heller, Daniel A. (May 2002). "The Power of Gentleness," *Educational Leadership*. Alexandria, VA: Association for Supervision and Curriculum Development.

McKee, Annie, Bovatzis, Richard E., & Johnston, Fran. (2008). Becoming a Resonant Leader: Develop Your Emotional Intelligence, Renew Your Relationships, Sustain Your Effectiveness. Boston, MA: Harvard Business School Publishing.

附录 B

教师领导人学会议程

2013 年 12 月 4 日

11：30–15：00

讨论领导力的 5 个层次：

最大化潜能的行之有效的步骤

约翰·C.马克斯韦尔

级别 1：地位（权利）

· 员工必须跟随，因为他们别无选择。

· 地位是影响力的糟糕替代品。

· 当权者是老板而不是领导人。

级别 2：权限（关系）

· 员工选择跟随。

· 这不是为了保持领导地位，而是为了了解他人，以及清楚如何与他人相处。

· 你可以喜欢别人而不领导他们，但是不喜欢别人你就不能善于领导他们。

级别 3：产出（结果）

· 员工跟随是因为尊重领导人的成就。

• 领导人除了创造愉快的工作环境之外，还要把事情做好。

• 这是组织向更高效率水平迈进的要求。

级别 4：个人发展（再生）

• 员工跟随是因为他们感谢领导者的支持。

• 效率基于赋权他人。

• 团队合作是一个关键特征。

级别 5：巅峰（尊重）

• 员工跟随是因为他们钦佩他们的领导人以及他们所代表的东西。

• 需要努力，技能，意图和高水平的才干。

• 领导人培养其他领导人，而其他领导人又培养了更多的领导人（4 级）。

• 领导人往往超越了他们的职位，组织甚至行业。

小组自我评估

领导力的 5 个级别

水平	小组回应
1	76%
2	70%
3	67%
4	26%
5	46%

个人评估和个人反思

• 花十分钟时间查看您的个人回复。

• 从级别的角度来看待评估的每个部分。

• 您目前的领导力水平如何？

·您目前的领导力水平如何影响学校的领导力文化？

团体活动

·在学校团队中工作。

·查看与级别 2—4 级相关的评估项目。

·对于每个级别：

　·确定最能反映学校领导力文化的三个陈述。

　·确定一两个需要改进的领域。

·准备好讨论。

视频

观看随附视频 *The 5 Levels of Leadership*。

表格讨论

·根据 *The 5 Levels of Leadership* 的视频和阅读，从下面列表中选择一个讨论主题。

·讨论该主题，因为它与您在学校、年级、部门和专业学习社区中作为教师领导人的角色有关。

·为您的小组制定行动计划，概述您可以采取的步骤，将您的集体领导力提升到 4 级。

·30 分钟后，与较大的小组分享您的计划和讨论要点。

讨论主题 1

·马克斯韦尔说：

　·如果想要一个愉快的工作环境，请达到 2 级。

　·如果想要一个高效的工作环境，请达到 3 级。

　·如果想要一个不断成长的工作环境，请达到 4 级。

・如何描述你的工作环境：

　・你的年级、团队或部门？

　・你的学校？

・你可以做些什么来维持一个不断成长的环境？

讨论主题 2

・马克斯韦尔对比了 Pat Summit 教练所说的"通过假设来领导"和"通过知道来领导"（例如知道你的员工在哪里）

・哪种领导力对你的学生更有效，为什么？

・作为教师领导人，如何才能在年级、部门、PLC 和学校中融入更多的"通过知道来领导"？

讨论主题 3

・工作环境中的哪些因素（年级、部门、团队和学校）带来最好的人？

・缺少哪些因素？

・作为教师领导人，你如何行动，以培育带来最好的人的环境？

讨论主题 4

・马克斯韦尔说，有效的领导者永远不会忽视以结果为目标。你如何看待这句话？

・他还说，"是什么让你来到这里，不会让你留在这里。"这是什么意思？此声明如何适用于您的年级、部门、团队和学校？

问题和总结

参考

马克斯韦尔 , John C. (2011). *The 5 Levels of Leadership: Proven Steps to Maximize Your Potential.* New York, NY: Center Street.

附录 C

暑期协会议程

2014 年 7 月 28—30 日

主持人

教师领导人,媒体协调员,教学技术助教,指导顾问,副校长,校长,大学教授,独立承包商,服务提供商,北卡罗来纳州公共教育部工作人员

学前班至六年级

第 1 天	第 2 天	第 3 天 (半天)

幼儿园

很酷的工具: iPad 应用程序 Kahoot 和 Popplet	CSEFEL	团队协作
早期学习基础	CSEFEL	团队协作
基于项目的学习	CSEFEL	团队协作
基于项目的学习	CSEFEL	团队协作

K–1 年级:选择

幼儿园

对文本的口头和书面回应	构建写入基础	团队协作
对文本的口头和书面回应	构建写入基础	团队协作

续表

数学教学策略	构建写入基础	团队协作
Cool tools or Wixie	构建写入基础	团队协作

一年级

很酷的工具或 Wixie	构建写入基础	团队协作
Drew Polly, UNC Charlotte College of Education	构建写入基础	团队协作
对文本的口头和书面回应	构建写入基础	团队协作
对文本的口头和书面回应	构建写入基础	团队协作

二至三年级：选择 2 年级

建构写入基础	Drew Polly, UNC Charlotte College of Education	团队协作

三年级

构建写入基础	Wixie 或多媒体工具	Gateway Project（Wixie）
构建写入基础	Drew Polly, UNC Charlotte College of Education	团队协作
构建写入基础	学生 评估或多媒体所有权 工具	团队协作
构建写入基础	Wixie 或 The Daily 5 教学模型	团队协作

四至六年级：选择

四至六年级

构建写入基础	用于课程交付的混合空间、多媒体工具，或学生反馈工具	团队协作

构建写入基础	The Daily 5 教学模式，在课堂上使用 Google 网站，或在 1∶1 课堂中使用教学策略	团队协作
构建写入基础	用于课程交付的混合空间、多媒体工具，或学生反馈工具	团队协作
构建写入基础	评估中的学生所有权，在课堂上使用 Google 网站，或在 1∶1 课堂中使用教学策略	团队协作

四至六年级数学

十大标志	用于课程交付的混合空间、多媒体工具，或学生反馈工具	团队协作
十大标志	评估中的学生所有权，在课堂上使用 Google 网站，或在 1∶1 课堂中使用教学策略	团队协作
Drew Polly, UNC Charlotte College of Education	用于课程交付的混合空间、多媒体工具，或学生反馈工具	团队协作
Drew Polly, UNC Charlotte College of Education	评估中的学生所有权，在课堂上使用 Google 网站，或在 1∶1 课堂中使用教学策略	团队协作

五年级科学

信息阅读策略	读、写和思考喜欢科学家	团队协作
最大化发现教育技术手册	读、写和思考喜欢科学家	团队协作
最大化发现教育技术手册	Blendspace 的课程交付，多媒体工具，或学生反馈工具	团队协作
最大化发现教育技术手册	评估中的学生所有权，在课堂上使用 Google 网站，或在 1∶1 课堂中使用教学策略	团队协作

七至十二年级

第1天	第2天	第3天
天使为新员工	中介，谷歌工具：日历、语音和驱动器	团队协作
Blendspace 课程交付	Fipped 课堂的教学策略	团队协作
视频工具： eduCannon， EDpuzzle， YouTube.	初学者谷歌工具：驱动器、日历、Gmail	团队协作
多媒体工具： Animoto， ThingLink， Mural.ly， Voki.	为部门或学校创建员工发展	团队协作
在线讨论和反向通道工具： Today's Meet， Collaborize， edModo， Chatzy， Padlet， RealTimeBoard	在教室的25种谷歌使用方式	团队协作
演示工具： GooglePresentations， Animoto，Prezi，Capzles， HaikuDeck	谷歌研究策略	团队协作

学生反馈工具: Kahoot, Socrative, Poll Everywhere, Quizlet, VoiceThread, Geddit	使用 iTunes 播客	团队协作
学生反馈工具: Kahoot, Socrative, Poll Everywhere, Quizlet, VoiceThread, Geddit	教授异常值: EC, ESL, 天才, 包容和共同教学策略	团队协作
学生反馈工具: Kahoot, Socrative, Poll Everywhere, Quizlet, VoiceThread,	解释学生数据以改善教学	团队协作

音乐

Google 基础知识或为教学目的创建视频	选择	团队协作
与 EC 学生合作	选择	团队协作
21 世纪的音乐室	选择	团队协作
21 世纪的音乐室	选择	团队协作

美术

Google 基础知识或为教学目的创建视频	选择	团队协作
与 EC 学生合作	选择	团队协作
MGSD 美术网站	选择	团队协作
MGSD 美术网站	选择	团队协作

续表

健康与体育

Google 基础知识或为教学目的创建视频	选择	团队协作
与 EC 学生合作	选择	团队协作
HPE 实践	选择	团队协作
HPE 实践	选择	团队协作

辅导员

Naviance	504	计划
Naviance	504	计划
Naviance	谷歌中介	
Naviance	谷歌中介	

引用

Angel Learning, www.angellearning.com

Animoto, animoto.com

Blendspacc, www.blendspace.com

Building the Write Foundation Professional Development Course. Silver Spring, MD: Discovery Education.

Boushey, Gail, & Moser, Joan. (2006). *The Daily 5: Fostering Literacy Independence in the Elementary Grades*, Portland, ME: Stenhouse Publishers.

Capzles, www.capzles.com

ChartGizmo, chartgizmo.com

Chartle, www.chartle.net

Chatzy, www.chatzy.com

Collaborize Classroom, www.collaborizeclassroom.com

CSEFEL (Center on the Social and Emotional Foundations for Early Learning) http://csefel .vanderbilt.edu

EdModo, www.edmodo.com

EDpuzzle, https://edpuzzle.com

educannon, www.educanon.com

Geddit, letsgeddit.com

Haiku Deck, www.haikudeck.com

Infogr.am, https://infogr.am

Kahoot, www.kahoot.com

Maximizing Discovery Education Science Techbook™ for High School, Professional Development Course. Silver Spring, MD: Discovery Education.

Mural.ly, https://mural.ly

Naviance, www.naviance.com

Padlet, padlet.com

Poll Everywhere, www.polleverywhere.com

Popplet, http://popplet.com

Prezi, prezi.com

Quizlet, quizlet.com

Read, Write, and Think Like a Scientist Professional Development Course. Discovery Education Science Techbook™ for High School. Silver Spring, MD: Discovery Education.

RealtimeBoard, https://realtimeboard.com

Scoop.it, www.scoop.it

Socrative, www.socrative.com

Symbaloo, www.symbaloo.com

Tagxedo, www.tagxedo.com

TenMarks, www.tenmarks.com

ThingLink, www.thinglink.com

Today'sMeet, https://todaysmeet.com

VoiceThread, voicethread.com

Voki, www.voki.com

Wixie, www.wixie.com/wixie

附录 D

暑期联席会议议程

一级行政人员

二阶领导力

· 制定和动员愿景并建立社区支持。

· 寻找和维持数字环境。

地区实施 1：1 倡议

· 收集和部署。

· 物流 101。

· 家长沟通，解决问题，找到双赢。

· 社交媒体问题和数字公民。

改变教学环境

· 个性化学习

· 有效的数字教室是什么样的？

提高标准

· 处理数据。

· 生长性评估和评价。

重新定义角色和关系

· 关系和协作。

· 重新调整资源用途。

· 21 世纪的团队。

员工发展

· 设计持续的地区专业发展。

· 评价和问责。

· 关键绩效指标和时间表。

听听"真正的"专家

二级行政人员

文化转变

· 梦想学校。

· 合作。

· 改变教学环境。

学校实施 1 : 1 倡议

· 实施团队。

· 重新调整资源用途。

· 物流。

· 配备人员和组织服务台。

· 纪律和负责任地使用政策。

校本领导力

· 制定和动员愿景。

· 改变领导力。

· 建立家长和社区支持。

· 建设教师领导人才干。

重新定义角色和关系

· 关系。

· 合作与 21 世纪的团队。

· 学校文化发展。

· 有效的数字课堂环境。

大局观

· 数字公民。

· 专业学习社区中的合作。

· 使用数据推动教学。

调整教学环境

· 1：1 教学环境和教学趋势。

· 个性化学习和教学策略。

员工发展

· 设计有意义的职业发展。

· 教师评估和问责。

· 关键绩效指标和时间表。

听听"真正的"专家

专业学习社区读书讲座

第一章　分散式领导力与高水平教与学

1. 作者所说的分散式领导力是什么意思？

2. 分散式领导力与传统领导力有何不同？

3. 分散式领导力如何促进高水平教与学？

4. 为什么今天的学校需要不同的领导力观念？

第二章　共享愿景的领导人

1. 哪些团队可以共享分散式领导力模式？

2. 校长和教师如何塑造领导力？

3. 为什么共享的领导力愿景至关重要？

4. 分散式领导力如何影响学生？

第三章　领导人与目标同步

1. 领导人与目标同步是什么意思？

2. 为什么需要保持同步？

3. 教育工作者可以通过哪些实用的方法将工作与目标同步？

4. 什么是"出色的一致"，为什么它很重要？

第四章　共享领导力的文化条件

1. 支持分散式领导需要哪些文化条件？

2. 学校文化如何影响领导力模式？

3. 作者描述的文化条件在学校中流行的程度如何？

4. 领导力与文化之间有什么关系？

第五章　通往领导力的日常路径

1. 教师作为领导人有哪些非正式的方式可以发展？

2. 校长和副校长可以通过哪些非正式的方式发展成为领导人？

3. 分散式领导力如何影响招聘程序？

4. 分散式领导力如何帮助学校构建才干?

第六章 领导力成长的正式项目

1. 领导力成长的正式项目如何影响学校文化?

2. 地区可以向教师和管理人员提供哪些正式的成长途径?

3. 地区如何支持参与外部学位课程的教师和行政人员?

4. 地区内会议在哪些方面帮助教师和管理人员成长为领导人?

第七章 以生长性力量领导

1. 作者所说的生长性力量是什么意思?

2. 为什么让许多领导人参与分析学生数据很重要?

3. 为什么需要不断重新校准来支持学生的成绩?

4. 学生如何利用数据成为更独立的学习者?

第八章 艰难事务

1. 为什么领导人问责制在学校中至关重要?

2. 领导人如何帮助学校避免"孤岛"心态?

3. 团队合作如何帮助领导人驾驭困境?

4. 领导人能够以哪些积极的方式处理学校政治和冲突?

第九章 二阶领导人

1. 作者所说的二阶领导人是什么意思?

2. 为什么二阶领导人需要流动性和灵活性?

3. 二阶领导人的特质如何影响学生的表现?

4. 其他地区如何走向二阶领导力?

译后记

本书作者马克·爱德华兹博士，是一位了不起的教育家。他在任职穆尔斯维尔学区（穆尔斯维尔分级学区）督学期间，在校园大力推广"数字转换新方案"。"数字转换新方案"不仅是技术创新，而且是人才培养创新。所谓技术创新，即学校鼓励学生利用新技术主动学习课程，具体而言就是学生熟练使用笔记本电脑、IPAD 上的各种 APP（应用程序）等。所谓人才培养创新，就是穆尔斯维尔学区发现并培养各级领导人，比如校长、副校长、教师、家长、后勤人员等等，发现并培养他们的领导力，而后由他们向学生示范领导力，这也是本书的重点所在。简而言之，技术创新只是数字转换新方案的外在，人才培养创新才是数字转换新方案的灵魂。

数年来，通过发现和培养领导人，穆尔斯维尔学区的"数字转换新方案"取得了辉煌的成就，不仅学生的读写成就卓越，在美国各种评估和测试中名列前茅，而且穆尔斯维尔学区成了美国各州公立学校的典范，每年主办的暑期会议吸引来自全美各公立学校的教师参加。特别是在 2013 年 6 月 6 日，时任美国总统的巴拉克·奥巴马来到穆尔斯维尔学区，发表重要演讲，高度认可穆尔斯维尔学区的数字转换新方案。

于是，一个问题油然而生：马克·爱德华兹博士为何提出"数字转换新方案"？如前所述，数字转换新方案的灵魂是人才培养的创新，也就是学校发现并培养各级领导人，这个问题也可理解成：马克·爱德华兹博士为何致力于发现并培养各级领导人？《发挥你的教育领导力》这本著作，回答了这个问题，当然也给我们中国教育提供了很好的方案。

马克·爱德华兹博士指出，当前美国公立学校面临众多挑战：美国公立学校预算减少，学生学习的热情和能力萎缩，公立学校教师缺乏激励机制和晋升空间，全美对学生成就评测标准提高，等等，这些难题直接导致公立学校教与学水平的直线下滑。挑战无法回避，只能应对。马克·爱德华兹博士的解决方案就是：让每个人有机会成为领导人，发现和培养他们的领导力，那么个人和团队就会积极应对挑战，最终提高学校的教与学水平，即"巅峰水准教与学"。总之，只要让每个人成为领导人，给个人赋权，个人就会积极应对难题，而难题也就迎刃而解。

《发挥你的教育领导力》的每个章节，围绕着"领导力"的主题，论述与领导力发现与培养相关的各个环节。比如第一章，作者重新定义领导力，提出分散式领导力的概念以及分散式领导力的影响。在作者看来：不是领导人才有领导力，而是谁有领导力，谁就是领导人。第二章，以穆尔斯维尔学区的各级领导人为例，论述各级领导人共享愿景，也即拥有共同的目标以及为实现目标在教学环节发挥领导力。第三章，作者论证共享愿景的各级领导人，如何同步工作，也即步调一致，并举例亨里克郡的数字转换新方案。第四章，作者以非常动情的笔触，描述共享领导力的文化条件，包括信任与信念、同情与爱，等等。第五章探讨领导力的日常路径，也就是通过各种方式发现领导人，并提高他们的领导力。第六章，作者论述穆尔斯维尔学区与两所大学联合培养博士与硕士项目，以及穆尔斯维尔学区成立的学会和举办的会议。第七章，作者探讨了如何运用数据，增进领导力才干。第八章，作者直面困扰当今美国公立学校的各种难题。第九章，作者重点讨论二阶领导人。

马克·爱德华兹博士的著作非常有价值。首先，很多观点极具启发性，譬如每个人都能成为领导人。这不仅是概念，更是现实。可以说，整本书都在论述：

这个概念如何成为现实，并且在现实中取得非凡的成就。对个人成长而言，这不啻为最大的激励。其次，这本书很有操作价值，尤其对于中小学校的校长和教师。作者不仅绘制了美好的愿景，而且指出实现的路径。通俗地说，就是在日常的工作与学习中，如何为领导人提供多样的机会，包括正式项目和非正式项目等，而这些机会中小学基本都可以复制。再次，这本书体现教育者的情怀，那就是心怀天下且勇于探索，给予他人充分的信任，无私地鼓励与支持他人。

在本著作的翻译中，陈诗敏、张立蓉、陈妍、蒋宇婷提供了帮助，第七、八、九章和附录部分，她们参与了翻译，并协助我查阅了一些资料，让身处疫情中的我深感暖意。她们四位是我先生的研究生，也是热心于基础教育的年轻人。相信这本著作也会对她们今后的教育职业生涯提供启发和方法。

最后，由衷感谢华东师范大学出版社的曾睿老师，她邀请我翻译《发挥你的教育领导力》和《教育财政学：因应时代变革》这两部教育学论著，对我是莫大的信任。华东师范大学出版社出版了很多优秀的教育学、心理学著作，还译介了很多前沿的理论，为基础教育界提供了很多好书，能在这家优秀的出版社出版译著，是一件很荣幸的事。

谢毓洁

2022 年 5 月于北京